# 「仕事ができるやつ」になる最短の道

The Best Way to Become a Competent Businessperson

Books&Apps
安達裕哉

日本実業出版社

「仕事ができるやつ」になる最短の道

# まえがき　～人類史で初めて「仕事のやりがい」で悩む現代の人々～

「仕事がうまくいきません、どうしたら楽しくなるでしょう」

「やりたい仕事ができていません。どうすべきでしょう」

仕事について書いたブログ「Books&Apps」を始めてから、そのような相談を数多く受ける。

多くの人々が、仕事を楽しいものにしたい、と考えるようになったのは、つい最近のことだ。

現代まで人々にとって仕事とは単なる労働、日々の生活の糧《かて》を稼ぐ行為であり、楽しさややりがいは二の次、三の次だった。労働とは卑《いや》しいものであり、お金を稼ぐ行為は身分の低い人々の行為とみなされた。

また、自分の選択で仕事が選べるようになったのも、18世紀の市民革命以降のことであり、数千年以上ある人類の文明の歴史から見れば近代以降のわずかな期間にすぎない。

我々は、人類史上初めて、「仕事のやりがい」や「職業選択」で悩むようになった。これは、現代人に特有の悩みだ。

働き方はどうあるべきか。何を職業とすべきか。それは私たち自身が考え、後世に伝えていかなければいけないテーマの1つである。

私はコンサルティング会社に在籍した12年以上にわたる期間、大企業・中小企業をあわせて1000社以上を訪問し、そこで働く8000人以上の人々を見てきた。

さらに公私にわたって、いろいろな人と話をするなかで、私は、どんな人であっても「**なぜ働かなければいけないのか**」「**どうしたら仕事が楽しくなるか**」といった疑問に対して、自分自身の見解や一種の哲学を持っていることを知った。

ある大企業の管理職は「仕事は厳しいもので、楽しいのはほんの一瞬にすぎない。でも、その一瞬はとても素晴らしいものだ」と言った。

また、あるフリーランスは「楽しくない仕事は１日たりともするべきでない」と言った。

ある経営者は「私の仕事は、皆の長所を社会のために活かせる場をつくることだ」と言った。

そうして私が見聞きした数々の話は、すぐに役立つ「仕事を依頼されたらなにをすべきか」といった話から、「信頼される上司とはどのような上司か」など、人間の本質に迫るものまで多岐にわたった。

そこで、私はその人々の語ったことを自分のなかだけにとどめておくのはもったいないと思い、ブログという手段を通じて世の中に発信することにした。

幸いなことに、ブログは累計１００万人を超える方々にご覧いただくことができ、不遜《ふそん》ではあるが、仕事で悩む方々にとって１つの情報源となりえているのではないかと思う。

しかし、ブログはそのフォーマットの性質上、なにか書くべき出来事があったときに綴る形となっており、体系的にまとめられ、整理されているわけではない。

また、仕事とはあまり関係ない話題も数多く含まれており、すぐに必要な情報を引き出せる状態になっているとは言い難い。

そこで、私は仕事に関するコンテンツを読みやすいように、1冊の本に整理し、編集した。

編集方針として、**「短期的に役立つコンテンツ」**と**「長期にわたって役立つコンテンツ」**に分類し、時系列で並べ替え、加筆修正した。

この本は、次のような構成となる。

**第1章では、「今日からできること」。**
「決意すること」について。

**第2章では、「1週間程度でできること」。**
「わかりやすく話をするための方法」や「初対面の人との接し方」などについて。

**第3章では、「1か月間以上しっかりと取り組むべきこと」。**
「組織のなかで信頼を得る方法」や「良いコミュニケーションの方法」について。
**第4章では、「1年程度かけてじっくりと取り組むこと」。**
「努力を成果に結びつけるための知識」や「成果を出す能力の訓練方法」について。
**第5章では、「3年は取り組むべき大きなテーマ」。**
「リーダーシップの発揮」と「部下や同僚、あるいは上司のマネジメント」について。
**第6章では、「一生かけてやる価値のあること」。**
「なぜ働かなければいけないのか」について。

それぞれ、現場で得られた具体的な話を記した。

もちろん、これらの分類は絶対的なものではない。読む人によっては順番が前後する場合もあるだろう。したがって、この分類はあくまで参考情報である。

マスメディアや本、ネットには「偉大な成功者たち」のエピソードが数多く並んでいる。私もかつてはそのような方々に憧れを持ち、情報に飛びついた。

しかし、長く働くうち、**「偉大な成功者たち」に関するエピソードよりも、身のまわりにいる、普通の人々に学ぶことのほうがはるかに多いこともわかった。**

だから、私の紹介する話は普通の方々が悩んで出した結論や、必ずしも成功とはいえない体験談、現場での素直な感想などである。

だがむしろ、実際に仕事で悩む方々には、このような一般の人々の話のほうがわかりやすく、有用な場合もあるのではないだろうか。

**一度に大きな変化を起こすことは誰にもできない。何かを成し遂げようとするならば、それなりの準備や時間をかけて物事に取り組む必要がある。**

この本の目的は、仕事で悩みを持つ方々の一助となることである。

目次



## 第1章 今日からできること 決意する

第2章　1週間程度でできること

# 小さな変化を起こす



第3章　1か月間以上しっかりと取り組むべきこと

# 信頼を積み上げる

## 第4章 努力を成果につなげる習慣

### 1年程度かけてじっくりと取り組むこと

## 第5章 リーダーシップとマネジメント

3年は取り組むべき大きなテーマ



## 第6章 仕事で良い人生をつくる

一生かけてやる価値のあること

装　丁　竹内雄二
カバーイラスト　Zygotehaasnobrain/Shutterstock/Rightsmith
DTP　ダーツ

第1章

# 今日からできること

# 決意する

「今日からできること」はどれほどあるのか?

残念ながら、1日でできることはそれほどない。

だが、1つだけ今日でなければできないことがある。

それは、「やろうと決めること」だ。

どんな大きな目標であっても、

「今日から始める」という決意がなければ、何事も始まらない。

この章では、「決意」に関する話を紹介する。

# 50歳以上しか採用しない会社の社長が言った「人生の変え方」

「子どもの頃から勉強して、いい学校に入って、いい企業に就職すると、一生安泰だよ」と言う人は現在でも多い。

もちろん、頑張って勉強することは良いことだが、なかには「若いときに頑張らないと取り返しがつかない」と言う方もいる。

そのような話を聞くと、私はある人のエピソードを思い出す。

私は以前、ほとんどの社員が50歳以上、という会社を訪問したことがある。社長はすでに65歳を超えており、役員も軒並み60歳以上。普段20代、30代の方が多い企業ばかり訪問していた私としては、まったく異質の会社だった。

初めての経験なので、私は社長に素朴な疑問をぶつけた。

私　「若手がいない会社をご訪問するのは初めてです」

社長「そうでしょう。他にはあまりないと思います」

私　「なぜ若手がいないのでしょうか？」

社長「簡単ですよ。採用していないからです」

私　「採用していない？」

社長「そうです。ウチでは50歳以上の人しか採用しません」

常識的には考えられない会社だ。採用といえば、どの会社も若手をほしがるのが普通だからだ。私は経営者にその理由を尋ねた。

社長「不思議ですか？　普通に考えればそうですよね。でも、採用には年齢以外にもちょっとした基準があります」

私　「どんな基準ですか？」

社長「人生を変えたい、という人だけを採用しています」

人生を変えたい、とはまた大仰《おおぎょう》な話だ。私はその真意を確かめたかった。

私「50歳以上で、かつ人生を変えたい人、ということですよね？　変わっていますね……」

社長「そうでしょう。普通は『人生を変えたいなら、若いうちにやらないといけない』と言われていますから。でも、人生を変えるのは、誰でも、いつでもできます」

私「ぜひ、そのお話、もう少し聞かせていただけないですか？」

社長は快く引き受けてくれたが、私はまだ半信半疑だった。

社長「私は社員にいつも言っているんです。人生を変えるには、ほんの少しのことを知るだけでいいと」

私「はい……」

社長「1つ目、**人生を変えるのは、一発逆転の出来事ではなく、些細な日常の習慣です。**『続けること』そのものに価値があります。たとえば、『早起きをする』でも、『通勤時間に必ず本を読む』でもいい。仕事も同じです。『電話を毎日10本かける』でも、

『お客さんにこころを込めてメールを書く』でも、なんでもいいです。とにかく、小さい習慣から人生は変わります」

私　「でも、大きくは変わらない気もしますが……」

社長「そう思いますか？　電話を毎日10本かけた社員は、トップ営業になりました。こころを込めてメールを書いた社員は、リピート率No・1です。2年もすれば、誰にでも自信が生まれます」

私　「……」

社長「とにかく、なにかを続けることができた、という実績が人生を変える第一歩です」

たしかに、なにかを続けることができた、という成功体験は考え方に大きな変化をもたらすことは間違いない。

社長「2つ目、さきほどの**習慣が意識せずにできるようになったら、次の習慣に挑戦する。**なんでもいいから、常に新しいことを始めることです」

私　「なんでも良いのですか？」

社長「ほんとうに、なんでも良いです。『挨拶を欠かさない』でも、『9時をすぎたら食事を慎む』でもいいです。自分が前から気にしていたことをやればいいんです」

私　「たしかに……。私もやりたいと思っていたことがあります」

社長「ここまでで、だいたい皆5年かかります。でも皆、見違えるようになりますよ」

「5年もかかる」ということを聞き、私は正直、けっこう長くかかるのだな、と感じた。そこで経営者に尋ねた。

私　「でも、習慣を続けられない人もいるのでは?」

社長「その通りです。そこで、3つ目、**1つ挫折《ざせつ》したら、次のものを設定する。**無理してできないことを続けない。失敗は、それ自体がノウハウです。習慣には自分に合うものと合わないものがありますから、無理はしない。これは重要です。さきほどの『電話をかけ続ける』という社員は、そこにたどり着くまでに2回挫折しています。なにかができない、ということについて、罪の意識を感じる必要はまったくありません。『自分のできないこと』を知ることは大事です」

シンプルに「続けられるものを続けよう」という発想だ。無理をしないと続けられないことは習慣化できないし、おそらくその人の強みでもない。理にかなっている。

社長「4つ目です。**決して他人のせいにしない**、ということを守ってください。人のせいにするということは、自らの人生を自分で決めていない、ということです」

私「嫌な上司のせいであっても？」

社長「ハハッ、そうですね。仮に上司のせいであっても、自分のせいであっても、結果は同じですから、悩むだけ時間の無駄でしょう？」

私「……」

社長「5つ目です。**人に親切にする**、ということを守ってください」

私「普通ですね。そんなことでいいのですか？」

社長「もちろん。大事なことです。すべての変化は、人に親切にすることから始まります。安達さんは、電車でお年寄りに席を譲っていますか？」

私「……」

社長「最後です。『**人生を変えようと思った時点で、すでに人生は変わり始めている**』と思ってください」

私「……どういうことでしょう？」

社長「50歳で人生を変えたい、という決意がどれほどのものか、わかりますか？」

私「相当の決意、ということでしょうか」

社長「そうです。だからこそ、私は50歳以上を面接する。そして、いまの話に賛同していただいた方々だけを、採用するのです。私は、そういう方々を尊敬しているのです」

中年になったら人生は変わらない、とか、人生を軌道修正するにはとてもエネルギーがいる、といった話を聞くたびに、私はあの社長の言葉を思い出し、「そんなことは決まってない」と思い返す。

# 「やってみたい」は迷信、「やってみた」は科学

知人の経営者に、誰かが「将来、○○をやってみたいと思います」と言うと、すぐに、「で、あなたはいま、いったいなにをしているの?」と切り返す人物がいる。

まあ、嫌なやつである。

だが、彼は好んでイヤミを言っているわけではない。

彼が言うには、**「やってみたい」と、「やってみた」の間にはとてつもなく深く広い溝があるから**、本人のために言っているのだそうだ。

「その2つは、まったく違う次元の話だ。本気か本気じゃないか、といった陳腐《ちんぷ》な精神論ではない大きな差がある」

と、彼は言う。

「将来、独立したいです」と、ある若手ビジネスマンは彼に言った。

彼は「で、いまはいったいなにをしているの？」と聞く。

その若手は、「いまは、独立するための勉強をしています」と言った。

彼は「勉強するなら、いますぐサラリーマンを辞めて、独立するのが一番勉強になるよ」と、冷たく言う。

若手は「嫌なやつだ」というような顔をして、「いや、独立するだけではなくて、独立して成功しなきゃ意味がないでしょう。いまはそのときじゃないです。まだ私には人脈も知識もない。それを手にするまでは独立できません」と彼に言った。


また、とある別の女性も彼に、「将来、独立するつもりです」と言った。

彼はいつも通り、「で、いまはいったいなにをしていますか？」と聞く。

その女性は、「すでに８００万円貯めました。１年後に独立するため、いまは見込みのお客さんになりそうな人を訪ねています」と言う。

彼は「そうか。一緒に頑張ろう」と、彼女に言った。


「英語を話せるようになりたいです」と、ある学生は彼に言った。

彼は「で、いまはなにをしているの？」と聞いた。

学生は、「英会話の学校に通おうと思います」と言う。

彼は「まだ学校にも行ってないの？」と学生に突っ込む。

学生は「いま研究が忙しくて……。どうやったら効率良く勉強できるか考えています」と言った。


ある高校生は「英語ができるようになりたいです」と、彼に言った。

彼は「で、いまはなにをしているの？」と聞いた。

その高校生は「2年後に、留学をするためのテストがあります。それに合格するため、留学専門のスクールに通って、合格者に勉強法を聞いています。1人すごく親切な方がいて、そのやり方を真似しています」と言った。

彼は、「それなら絶対合格するよ」と言った。


彼は言う。

『「やってみたい」と、「やってみた」との間には大きな差がある。これは、「本気度」のような抽象的な差ではない』

私はよくわからなかったので、彼に聞いた。

私「本気度ではないとすれば、どんな差がある？」

彼「簡単だよ。『やってみた』は科学。『やってみたい』は迷信」

私「……どういうこと？」

彼「**やってみれば、データが取れる。それをもとに、もっとうまいやり方を考えられる。**実験ができて、きちんと検証でき、再現できれば科学だ。でも……」

私「でも？」

彼「**やったことのない人は、単なる思い込みや推測でしか動けない。**要するに、迷信めいたものをあてにしているということだ。独立したいなら、実際にお客さんを回って、商品を見せてみないとデータがとれないだろう」

私「でも、それが怖い人もいると思う」

彼「そうさ、迷信だって皆怖がっていた。ジェンナーという医学者を知っているかい？」

私「天然痘ワクチンを発明した？」

彼「そう、ジェンナーは科学的な検証によって、ワクチンをつくった。でも、迷信を信じる人は、『ワクチンを打つと、牛になる』と言って、怖がった。確固たる証拠もなく」

私「なるほど」

彼「ガリレオ・ガリレイが落下の実験をするまでは、重いものは軽いものよりも早く落ちると皆信じていた」

私「そうだったな」

彼「要は、実験するまでなにが起きているのかを正確に理解するのは難しいということだ。必要なのは、実験と、データだよ。思い込みや、当て推量じゃない」

私「……」

彼「会社でも、部下に言う。怖がってないで、さっさと仮説を証明するために、データを集めろってね」

私は、それを聞いたとき、さまざまな会社のなかで、いかに「思い込み」や「当て推量」で語る人が多いかを思い出した。

「たしかにそうだ。『やってみた』は『やってみたい』とは、明らかに違う」

# アウトプットを中心に据えると、スキルアップのスピードが大きく変わるという話

誰しも、「効率的にスキルアップしたい」と願っているだろう。だが、どのようにすれば効率的にできるか、については意見が分かれる。

そして、意見が分かれるテーマの1つに、スキルアップの手段として「インプット」が先か、「アウトプット」が先か、がある。

わかりにくいので、例を挙げよう。

たとえば、英語の勉強をする際に、「インプット」を先にする人は、単語の勉強、文法の勉強、言い回しの勉強などを先にする。

そして、ある程度それが頭に入ったところで、次に「実際にネイティブスピーカーと話す」という順番になる。

「アウトプット」を先にする人は、「ネイティブスピーカーと、とりあえず身振り手振りでもいいので話してしまう」が先だ。

その後、「こう言えば良かったのか」「これを言ってみよう」と、補強するためのインプットをする。


数学も同じだ。「インプット」を先にする人は、まず教科書を完璧に理解しようとする。そのあとで問題集を解く。

対して、まず「アウトプット」をしてしまう人は、先に問題集を解き始める。解けなくてもとりあえずやってみる。そのあとで、「わからなかったところを学習する」という順番だ。


もちろんこれは、勉強だけではない。

たとえば、自社メディアの立ち上げをまかされたとする。

「インプット」を先にする人は、各種のメディアを研究し、分析する。そして得られた知見を使い、メディアをつくっていく。

「アウトプット」を先にする人は、とにかくまず自社メディアをつくってしまう。記事と媒体さえあれば、ひとまずメディアの形はできてしまう。とりあえずつくってみて、読者の反応を見ながら修正する。

仕事のスタイルはさまざまなので、ここでその是非を問うことはしない。しかし、私が出会った、いわゆる「仕事のできる人たち」は、概ね「アウトプット」派であったように感じる。

たとえば、あるソフト開発会社の役員であるHさんは、部下のマネジャーに渡すための「プロジェクトマネジメント・マニュアル」を持っていたが、それを新しいマネジャーに渡すのは新しいマネジャーの就任から1か月後と決めていた。

「なぜ、すぐにマニュアルを渡さないのですか？」と聞くと、「最初に渡されてもろくに読まない。まずはやってみて、悩みが出てきたところでマニュアルを渡すとよく読まれ、役に立つ」と答えた。

また、とある営業会社のトップ営業マンであるNさんは、「提案手法の刷新など、営業上でなにか新しいことを試そうと思ったとき、まずは自分でやってみて、それからうまくいかなかったときのみ、本などを参考にする」と答えた。

フリーランスでゲームの開発を行なっているYさんは、「プログラミングのスキルを上げるためには？」という質問に対し、「まずは、なにかソフトをつくること」と答えた。「本を買って勉強したり、学校に通ったりすることも悪くないが、それ以上にスキルを高めるのは、なにかプロダクトをつくり上げるときだ」と、言い切る。

1年でTOEICを400点台から800点台まで高めた、ある大企業の経営企画のEさんは、「どう勉強したのか？」という質問に対し、「とりあえずTOEICを受けてみました。問題の内容や、解答の方法、試験の雰囲気などがわかったので、あとはTOEICの模試などをひたすら受けましたね。単語や文法などは、あとから覚えにくいところだけやりました」と言う。

しかし、このような事例はごく一部であり、多くの人は「インプット」から始める。なぜ「インプット」から始める人が多いのだろうか。

その原因はおそらく、「学校の勉強」での体験にある。

学校の勉強は一般的に「問題集をやらせて、そのあと、わからないところだけ教科書で」というスタイルではない。「教科書をしっかりやって、そのあとに問題集をやる」というスタイルだ。このスタイルが染みついているので、「インプットが先」というスタイルを採用してしまいがちになる。


しかし、この方法にはデメリットも多い。具体的には、「習っていないのでできません」という言い訳が許されてしまうという状況が生まれる。

また、先に先に勉強してしまう子に対して、「小学校のテストで方程式を使ってはいけない。習っていない漢字を使ってはいけない」など、「習ったこと以外は使うな」という、不毛な制約が生まれることにもつながる。

だが、本来「きちんと習えること」など非常に少ない。とくに仕事では予習できないことのほうがはるかに多い。

「習ったことがなく、勉強したこともないので、できません」という物言いは、仕事のなかでは許されないことも多い。だから、「仕事ができる人たち」は、「アウトプット中心」のスキルアップの仕方を身につけてきたのだろう。

スキルアップのスピードを重要視するなら、「まずはアウトプットを中心に据えること」を意識する。

これを知っているかどうかは、けっこう重要な差なのではないだろうか。

## 目標を設定することは、とても大事だけど、同時にとても怖いことだ

「目標を設定することは、とても大事だけど、同時にとても怖いことだ。だから勇気を持ちなさい」

と、ある経営者に私は教えられた。

ある経営者の説明はこうだった。

経営者「君は、なにかを成し遂げたいと思うかい？」

私「はい」

経営者「それならば、まず知らなくてはいけないのは、『**人生の時間は有限**』ということ。君に残された時間は少ない」

私　「そうですね」

経営者　「次に、『自分にできそうなこと』を目標にしたいか？　それとも、『ほんとうにやりたいこと』を目標にしたいか？　もし、後者なら……」

私　「後者なら？」

経営者　「達成するのにはとても時間がかかる」

私　「そうかもしれません」

経営者　「だから、ほんとうにやりたいことを達成しようとすれば、人生の多くを目標の達成のために投じるということになる」

私　「はい」

経営者は私が相づちを打つと、身を乗り出して言った。

経営者　「だとすれば、人は、『目標達成』のために、いろいろな可能性を消し去らないといけない」

私　「どういうことでしょう？」

経営者　「いいかい、目標を立てるということは、可能性を狭めることだ。タイガー・ウッズは3歳でゴルフ以外の可能性を消し去った。だから、あれほどの高みに上り詰めた」

私　「……」

経営者「君も、いい大人なのだから、『自分には無限の可能性がある』などという言葉を信じてはいけない。たしかに選択肢は無限にあるが、どれか1つを選ばなくては、どの目標も達成できない」

私　「……でも、そんな簡単に自分のやりたいことや、目標を決めることなんてできません」

経営者「勇気がないな、君は。目標を立てるのが怖いのかい？」

私　「……はい」

経営者「誰でも同じだ。『目標を立てるのはとても怖いこと』なんだ。失敗したらどうしよう、とか、目標が間違っていたらどうしよう、とか。そういった諸々の恐怖と戦うための勇気が、目標を立てるときには必要だ」

私　「……」

経営者「もちろん、すべての人が勇気を持って目標を決定できるわけじゃない。でも、なにかを為したいのであれば、必ず勇気が必要だ」

私　　「勇気なんて、少年マンガのなかだけかと思っていました」

経営者「勇気というのは、マンガのようにわかりやすく必要とされるものではない。もちろん、決めないほうが楽だ。でも、『決められない人生』を送るほうが、決めるよりもっと怖いよ。ほんとうは」

大人は可能性と引き換えに、目標を決めるのだ。

# 「会社に不満があるなら、まず自分を変えなさい」はほんとうか？

「会社に不満があるなら、まず自分を変えなさい」

これはよく言われる話である。

たしかに正しいときも多い。しかし常に正しいわけではなさそうである。

たとえば、こういうシーンを想像してみよう。ある技術者が、新卒で入った会社に7年在籍し、技術ひと筋でやってきたところ、営業への転向を言い渡され、営業部に異動することになった（実例として、シャープは2012年、生産・研究部門の社員900名を営業へ配置転換している）。

営業は、技術者にとって未知の世界であり、スキルを身につけるには時間がかかる。ただ、長期的に見れば顧客の視点で自分たちのサービスを見るのは決して悪い選択ではない。

はたして、会社に従って営業を頑張るべきなのか、それとも、不満を隠さず転職を考えるべきなのか？　はたまた会社にとどまって、時期を待つべきであろうか？

まず認識が必要なのは、どんな仕事であっても、一流になるにはとても時間がかかるということだ。

したがって、いま20代の技術者が営業としてキャリアをあらためるならば、その仕事を極められるのは30代後半である。その頃には「転職をしたい」と思っても、選択肢はいまよりは少ないだろう。

軽はずみに「営業をやります」とは簡単に言えないはずである。

不本意な仕事、つまらない仕事は誰も避けて通れない。だがもし、「営業でテレアポは1年やるのはいいが、5年やるものではない」と思うなら、1年経ったらすぐやめていいのだ。テレアポで一生食べていくなら別だが。人生の貴重な時間を、浪費するわけにはいかない。

結局、一流になるには自分の仕事を慎重に選ばなければならない。余計なことをしている暇はない。

なにごとも、楽しくやれなければ長続きしないし、一流になるには、楽しいだけではなく、血のにじむような努力が必要だ。そのように自分を変えるのは並大抵の努力ではできない。

故スティーブ・ジョブズは言った。

**「もし今日が人生最後の日だとして、今日やろうとしていることは、ほんとうに私がやりたいことだろうか？　それにノーと言う日が続くと、そろそろなにかを変える必要がある」**

なにが役に立つかは現時点ではわからない。営業が役に立つかもしれない。役に立たないかもしれない。

だから、ほんとうに自分を信じれば、迷うことはない。自分がしたい仕事、一生懸命真剣にできる仕事だけをすればいいのだ。

いまの会社にとどまる理由も見直す必要がある。

自分に問いかけてみる。自分にやりたいことがまだ見つからないなら、与えられた仕事でまず一流を目指すか決めれば良い。

それが嫌なら、どの仕事で一流を目指すか、早く選択しなくてはいけない。決断は早ければ早いほど一流になれる可能性が上がるのだから。

会社に不満があるなら、**自分を変える前に「選択すること」「決断すること」**が重要ではないだろうか。自分を変えるのはそれからでも遅くない。

# 「会社の辞めどき」を判断するには

「会社を辞めようと考えているのですが……」という相談をよく持ちかけられる。いま働いている会社を辞めるべきか？　辞めざるべきか？

判断はとても難しい。

私はキャリアの専門家ではないし、転職の世話をしてあげるわけでもない。だから、そういった人々にたいしたことはできない。話を聞くくらいだ。

ただ、多くの人たちから聞いた話の内容はどれも皆似ていた。要約すれば、次のようなことだ。

「いまの会社で働くのがとてもつまらないです。自分では一生懸命やっているつもりですが、上司はどう見ているかわかりません。私が単にワガママなだけかもしれないので、上司のせいにはできないのですが、時に疑問を感じます。他の会社に行っても同じような気もしますし、辞めるのも大変です。かと言って、他に強くやりたいことがあるわけではありません。どうすればいいのでしょう？」

なるほど、彼らは別に上司のせいにもしていないし、それなりに成果を出しているのかもしれない。ただ、漫然と会社や仕事があまり面白くないと感じているようだ。

たしかに、私も同じようなことを思ったときがあった。

だから、彼らが甘えているとは思わないし、「それは普通だから、つべこべ言わずに頑張れ」などと言うつもりもない。彼らは皆、そんなことは百も承知だ。

現在の世の中で、1つの会社で定年まで勤めあげる人がどのくらいいるのだろう。おそらく、現在20代、30代のサラリーマンにおいては、そういった人々はかなり少なくなっているのではないだろうか。

事実、厚生労働省の資料（「持続可能な活力ある社会を実現する 経済・雇用システム」）によれば、44歳以下の人々の勤続年数はますます短期化している。

だから、遅かれ早かれ誰であっても、「辞めどき」を考えざるをえないときがやってくる。

では、「辞めどき」をどのように判断したら良いのか？　「辞めていい」と言い切るのは次のいずれかにあてはまる場合だ。

**・働かない社長、上司の下で働き続けている**
**・社長の私的欲望に付き合っている**
**・礼儀を欠く人と働いている**
**・気の合わない人と働いている**
**・罵声を浴びせられる職場で働いている**
**・言論統制される職場で働いている**
**・顧客をだまさなくてはいけない職場で働いている**
**・無謀すぎる目標達成のために頑張っている**
**・やる気があるようなフリをし続けている**
**・好きになれない商品を売り歩いている**
**・家族が大変なときに、仕事を優先してしまっている**

もちろん、時にはガマンしなければいけないこともある。

でも、人生はとても短い。

貴重な時間を、いつまでもここに挙げたようなことに使うのは、どう考えても割に合わないように私には思える。

第2章

## 1週間程度でできること

# 小さな変化を起こす

自分のこれからやろうとしていることを目指す目標に照らして考えると、
とても小さく、貧弱に見えるかもしれない。
だが、どんなに優れたプロフェッショナルでも、
必ず「初めて」の日があった。
それは、とても小さな一歩だったはずだ。
この章は、初めの一歩、すなわち
「小さな変化を起こし、大きく育てる」ために
必要な話を紹介する。

# 「仕事ができるやつ」になる最短の道

「どうすれば『仕事ができるやつ』になれるでしょう？」

そういった相談を、若手の方からよくいただく。

「やっぱり論理的思考力を身につけるべきですか？」
「英語ができたほうが良いですかね？」
「資格はとったほうがいいですか？」

多くはそういった類の相談だ。もちろん、いずれも間違いではない。

しかし、私がコンサルタントとして、多くの企業を見て学んだことのなかで、最も重要だと思ったのは、そのようなことではなかった。

それに私が気づいたのは、ある会議でのことだった。

会議のテーマは「集客」だった。新しいサービスを立ち上げたのだが、いまひとつ反応が悪く、「これからどうすべきか」の話し合いを部門全体で行なっていた。

会議のメンバーは部門の主要メンバーで、約15名。若手からベテラン、部門長までが一堂に会していた。

私はその司会進行役という名目で会議に参加していたが、実質的には「部門長の脇で議事録をまとめる」という役割であり、最終的な決定の権限は部門長が握っていた。

会議は、まず現状の報告から始まった。売上の状況、顧客の数、引き合いの推移、チラシの具体例から利益予測まで、さまざまなデータが提出された。

かれこれ1時間程度の報告があっただろうか。ひと通りの報告が終わると、部門長は口を開いた。

「なにか考えがある人は発表せよ」

しばらくは沈黙のうちに時間ばかりがすぎた。そして5分ほど経ったときのことだ。ある若手、まだ20代後半と思しき人が、手をそろそろと挙げた。

「よろしいでしょうか……」

部門長がうなずくと、彼はゆっくりと話し始めた。

「ありがとうございます、では、意見を述べさせていただきます。このサービスですが、現在調子が良くない理由は、『キャッチコピー』にあると考えています。私が思うに、このサービスの本来のターゲットは『300人以上の企業』です。しかし、現在のキャッチコピーはどちらかと言えば、『100名程度の零細企業』向けになっていると感じており、それが現在の引き合いの少なさの原因だと思われます」

部門長は先を続けるように促す。

「したがって、私が考える案は、キャッチコピーを次のように変えることです」

そして、彼は自分の考えてきたキャッチコピーを披露した。

だが、会場からは苦笑が聞こえるのみだった。
それもそのはず、彼が考えたというキャッチコピーはいかにも稚拙《ちせつ》なものであり、どうひいき目に見ても、集客できるようなクオリティではなかったからだ。

すかさず、会場からは批判の声が上がる。

「問題はキャッチじゃないでしょう、価格ですよ」
「キャッチというのは間違っていないように思うが、このキャッチではねぇ……」
「なぜこのキャッチが300名以上向けなのか、理由がわからないんだが」

質問、批判が相次ぎ、彼は落ち込んでいるようだった。
だが、部門長は言った。

「非常に良い意見だ。私は気づいていなかった。検討事項に加えよう」

その後、会議は「キャッチコピー」のみならず、価格設定、ターゲットの再設定、営業の方法まで、多岐にわたり話が展開し、新しい施策がまとまり、終了した。

私は会議が終わったあと、部門長に質問した。

「なぜ、あのキャッチコピーを『良い意見』とおっしゃったのですか？　素人目に見ても、クオリティは高くないように感じましたが」

すると部門長は言った。

「仕事で一番偉いのは誰だと思います？」

「権限を持っている方でしょうか？」

「権限を持っていてもダメなやつはダメです。**どんな仕事でも、一番偉いのは『最初に案を出すやつ』**なんですよ。批判なんて誰でもできる。でも、『最初に案を出す』のは勇気もいるし、なにより皆から馬鹿にされないように一所懸命勉強しなければいけない。だから、最初に案を出すやつを尊重するのは仕事では当たり前です」

私はそれ以来、さまざまな会社で観察を行ない、仕事をするときは常に、「まず案を出す」ということがいかに重要かを、多くの企業で見ることができた。

だからいままでは、若手から「仕事ができるようになるためにはどうすればいいですか？」という質問を受けたときには、おせっかいながら必ず「一番最初に案を出せるようになるように頑張る」と回答するようにしている。

# 「まかされる人」になるために知っておくべき、「仕事をまかされたら、なにをすべきか」8箇条

小さな変化は、「まかされた仕事をきちんとこなす」ことから始まる。

かけ出しだった頃、尊敬する上司に教えていただいたことだ。実際、いまの仕事のやり方を振り返ると、ほぼ教えていただいた通りにやっている。

教えていただいたことは8つある。

**1つ目は、「納期を確認する」こと。**

納期を守れない人は社会人として失格だとみなされる。納期の遵守《じゅんしゅ》は信用を獲得し、納期の遵守は人の能力を高め、納期の遵守はお金を生み出す。

**２つ目は、「成果を仕事の依頼者と合意する」こと。**

仕事をまかせる側が、成果を明確にしてから依頼をするケースは実は少ない。まかせる側は、成果があいまいで、考えるのに手間がかかるから、信頼できる相手にそれをまかせる。したがって、相手と会話し、本音を引き出し、成果を合意せよ。合意できれば、仕事は半分終わっているも同然だ。

**３つ目は、「仕事を分割する」こと。**

依頼された仕事は、大きな岩の固まりのようなものだ。そのままでは扱うことができないし、誰かの手を借りることもできない。

誰かの手を借りたいなら、ノウハウを人から教えてほしいなら、スケジュールをつくるなら、分割すること。そうして初めて、取り扱うことができる。

**４つ目は、「難しい仕事から取りかかる」こと。**

一般的に難しいといわれる仕事、とくに、どうしたら良いかよくわからない仕事は、思っているよりもはるかに時間がかかる。おそらく見積もりの2倍から3倍はかかる。あとになって納期が迫っているときにそれがわかっても手遅れだ。

**5つ目は、「行き詰まったら、即、相談する」こと。**

仕事をまかせる側もすべてを見通しているわけではない。なかには絶対に無理な要求も存在する。そして、それは仕事に取りかかってみないとわからない。

無理とわかってやり続けるのはお互いにとってマイナスだ。その際は、必ず仕事の依頼者に即、相談せよ。相談が遅れれば遅れるほど、あなたの信用に関わる話となる。

**6つ目は、「説明責任を果たす」こと。**

仕事をまかせた側は常に不安だ。そして、その不安を解消する責任は、仕事を引き受けた側にある。少なくとも1週間に1回は報告せよ。

また、丁寧な説明を心がけよ。冗長にならず、省略しすぎず、適切な情報開示を心がけよ。資料のわかりやすさ、話のわかりやすさはそのままあなたの信用につながる。

**7つ目は、「自分でゼロから考えず、前例を探す」こと。**

ゼロから考えることは、「車輪の再発明」と同じで、100パーセント無駄だ。すでに誰かが発見していることを、もう一度自分でやり直す必要はない。

会社の仕事は同じようなことが繰り返されている。まずは前例を探せ。なにもなければ友だちや、社外の人に聞け。それでもなければ、本をそろえて、そのなかから探せ。必ず目的の物はある。

**8つ目は、「人への依頼は早めにし、1つ目〜7つ目のことを守らせる」こと。**

仕事は自分だけで完結することはほとんどない。他者の協力が必要な仕事はできるだけ早めに依頼せよ。その際に、気をつけることは、1つ目〜7つ目を相手に守らせることだ。

# 会話のコツは2つだけ

「会話は重要なスキル」と言う方は多い。とくに仕事では人間関係を構築し、円滑にするために必須ともいえる。

だが、会話を苦手とする人もまた多い。そのため、世の中には「会話のコツ」や「会話のネタ」に関する本や記事、セミナーなどは尽きることがない。

ひと昔前、私がある会社を訪問したときのことだ。

ある1人の営業マンはとても会話が苦手で、顧客や会社の同僚などとの会話に悪戦苦闘していた。努力家であった彼は、会話に関する本を読み、セミナーに参加し、なんとか苦手を克服しようとしていた。

聞けば、彼は学生の時分から会話が苦手であり、対人関係において非常に苦労したとのこと。

「なぜ会話が苦手なのに、営業になったのか？」

という素朴な疑問をぶつけてみると、彼は、「自分を変えたかった」と回答した。

立派な理由ではあるが、その努力にもかかわらず、彼の会話はあまり上達しなかった。理由は簡単だった。彼は緊張のあまり、「しゃべりすぎてしまう」のだった。なんとか場をつなごう、盛り上げようと1人で頑張ってしまう。それは、会話のセミナーなどで習ったことを忠実にやろうとした結果だった。

「しゃべることができない」と、「しゃべりすぎてしまう」の間を、彼は行き交っていた。

それが変わったのは、ある日、彼が顧客と昼食をとっていたときだ。彼が悩みを打ち明けたところ、お世話になっている部長から、「無理して話さなくていいよ」と言われた。

その部長はこう言った。

「会話なんて、コツは2つしかない。**相手が話したいことを聞いてあげること。相手が聞**

**きたいことだけを話すこと**。たったそれだけ。それ以外は必要ない。というか、話す必要がないので黙っていればいい」

彼がその意図を尋ねると、部長は言った。

「重要なのは、**自分が話さなくても相手が勝手に話したくなる状況をつくること**。だから、まず『相手が話したいこと』を聞く。人は誰しも自慢したいことや興味のあることの1つや2つ、必ずある。『出身は？』とか、『業績』とか『趣味』とか、そんな話だ。で、相手が話をしたら、それに合わせて『自分の知っていること』を少し話せばいい。たくさん話す必要はない。要はコメントすればいいってことだ。話しすぎるくらいなら、黙っていたほうがいいよ」

彼にとって、「話すより、黙っていたほうがいい」は非常に有用なアドバイスだったようだ。

「うまく話さなくてはいけない、という会話への恐怖がなくなったのが、一番大きかったです」

と彼は言った。

# 「話のわかりにくい人」と「わかりやすい人」の8つの違い

うまく仕事を進めるコツは、他者に自分の話を十分に理解してもらうことだ。しかし、自分が良い話し手かどうかを見極めることは難しい。

観察をすると、話のわかりやすさにはかなり個人差があるが、いったいなぜ、話のわかりやすい人と、わかりにくい人がいるのか、私にはよくわからなかった。「生まれつき」なのだろうか？　または「訓練」によるものなのだろうか？　だが、いろいろな人と話すと、要は「サービス精神」の違いなのではと思うようになった。

巷にはいろいろと「話し方」に関する講座があふれているが、細かいテクニックよりも、結局のところ、話のわかりやすさは**「相手の立場から自分の話を見ることができるかどうか」**に尽きる。

よって、「わかりやすい話し手」となるためには、次の8つが重要である。

## 1 「過程」から話すか、「結論」から話すか

例：「今日の打ち合わせの結果はどうだった?」と聞かれたとき

**話のわかりにくい人**

「最初に今期の売上目標の達成率についての議題がありまして、鈴木さんが達成状況を報告しました。そして次に山下さんからお客さんからのクレームについて相談が……」と、話の過程を1つひとつ述べる。

小説や映画など、「過程」を楽しむ場合は良いのだが、これは「わかりやすい話」ではない。多くの場合、仕事においては聞き手は過程を知りたいわけではなく、結果を知りたいのだ。

**話のわかりやすい人**

「うまくいきました。部長が指示を出されていた案件は、うちがやることになりました。過程をご説明します。まず……」

「イマイチでした。部長の指示通りにいきませんでした。実は……」

と結論から話す。

## 2 「抽象的」に話すか、「具体的」に話すか

例：「仕事の優先度はどのようにつける？」と質問されたとき

**話のわかりにくい人**

「早くやらなくちゃいけない仕事や、大事な仕事、あとは早く片づけられそうな仕事の優先度を高めます」と回答する。

これは「早くやらなくちゃいけない」「大事な」「早く片づけられそうな」の中身が判然とせず、話が抽象的でよくわからない。

**話のわかりやすい人**

「まず、タスクを書き出します。それら1つひとつに納期と、重要度を1～3の三段階に分けて書きます。納期までの日数と、重要度を掛け算して、数値の高いほうから並べます。それを優先度とします」

というように、具体的に回答する。

## 3 「自分が話したいこと」を話すか、「聞かれたこと」を話すか

例：「今日はどのお客さんに行った？」と聞かれたとき

**話のわかりにくい人**

「A社ではすごい話が盛り上がりまして、良かったです。B社は担当者が不在で、連絡先を教えてもらって、やっとつかまりました……」と、聞かれていない部分についての話が長い。

もちろん日常会話としては悪くないが、仕事においては聞き手をイラつかせる可能性もあ

り、話のわかりやすさはいまひとつである。

**話のわかりやすい人**

「A社、B社、C社を回りました」とだけ、簡潔に答える。

話は「聞かれたこと」を簡潔に答えるほうが良い。相手が知りたいことがはっきりしていれば、それに相手が知りたそうなプラスアルファの情報、たとえば「今日訪問した3社のうち、B社とC社はかなり受注の見込みが高いと思います」と、付け加えるのもいい。

## 4 「一律の表現を使う」か、「相手の反応を見て言葉を変える」か

例：「今期の業績はどうですか？」と聞かれたとき

**話のわかりにくい人**

「そうですね、粗利は増加したのですが、販管費がそれ以上に伸びてしまって、結局、今のところ営業利益は昨対比マイナスですよ」

相手によらず、一律の言葉、一律の表現を使いがちな人は「わかりにくい話」をする人である可能性が高い。とくに専門用語を使う際は要注意である。

**話のわかりやすい人**

「粗利は増加したのですが……、あっ、会計の用語はわかりますか？　……苦手ですか？すみません。ではもう少し砕けた言葉で説明します。結局、恥ずかしながら今期はあまり儲かっていません。広告にお金をかけすぎてしまって……」

専門用語を使いたいとき、専門用語を出して聞き手の顔が曇ったら、次から専門用語ではない言葉を使う。逆に、相手がその用語を理解しているようであれば、積極的に使ってみる。

話すときは聞き手の反応を見て、リアルタイムに使う言葉を変えるのが良いだろう。

## 5　「詳細から入る」か、「全体から入る」か

**例：「将棋」を知らない人に将棋のやり方を伝えるとき**

**話のわかりにくい人**

「では、駒の動かし方から説明します。この『歩』という駒は、前に1つだけ進むことができます。次にこの『飛車』という駒ですが、十字にどこまでも動けます。次に……」

いきなり「駒の動かし方」や「成《なり》のルール」から説明したり、あるいは二歩などの「反則」についての説明を入れてしまったりと、全体を意識しないで詳細から話す。

**話のわかりやすい人**

「将棋というゲームの目的は、自分の駒を動かして、相手の王という駒を取ることです。相手の駒に自分の駒を進めると、相手の駒を取ることができます。駒によって移動できる範囲が違います。駒の種類は……」

まず「2人でやるゲーム」「駒を動かして、相手の王様を取れば勝ち」という最も大きなルールを相手に伝える。

次いで、「駒の種類」「最初の駒の並べ方」「駒の動かし方」「駒の取り方」「取った駒の使い方」といった具合に、全体から詳細へと順番に説明をしていく。

理解に役立つイメージの共有は、やはり全体像から説明されることで可能になる。話は全体から入るようにする。

## 6 「自分のペースで話す」か、「相手の理解のスピードに合わせて話す」か

例：「インターネットとはなにか？」を、小学生くらいの子どもに説明するとき

**話のわかりにくい人**

「世界中のコンピュータが、特定の通信方式でつながったネットワークをインターネットと呼ぶ」

これでは、相手はなんのことだかさっぱりわからない。相手の理解の速度を考えないからである。相手は複数のことを同時に理解しなければならないので、話についていくだけで大変である。

**話のわかりやすい人**

「コンピュータってわかる？」から始める。子どもが「家にあるパソコン」とか、「学校で見たキーボードのついている機械」「スマートフォン」などを想像したら、次に「じゃあ、コンピュータ同士って、つながっているよね？」と、メールなどの事例を挙げて伝える。

それが相手にわかったら、最後に「そういうコンピュータ同士のつながったものを〝インターネット〟って呼ぶんだよ」と伝える。

途中で相手の理解を確かめるために、「ここまでは大丈夫？」などと聞いて共有することも大切である。話は相手の理解のスピードに合わせよう。

## 7 「こそあど言葉」を多用するか、「こそあど言葉」を避けるか

例：申請書を部長に渡してほしいとき

**話のわかりにくい人**

「これをあの人に渡しておいて」と言う。

現在の状況をかなり共有できていない限り、「これ」「あの」がなんだかわからない。「こそあど言葉」とは、「これ」「それ」「あれ」「どれ」に代表されるような指示代名詞の総称で、便利ではあるが、なるべく「こそあど言葉」を避けよう。

**話のわかりやすい人**

こそあど言葉を使用せず、「申請書を部長に渡しておいて」と言う。

## 8 話が「脱線」するか、しないか

例：システムトラブルが起きた際に、役割分担についての話をするとき

**話のわかりにくい人**

「役割分担」を相談している最中に突然、「あ、次のユーザーテストはいつでしたっけ？」と、本来「役割分担」をしたうえでするべき話題を持ち出す。話が脱線すると、そもそもなんの話をしていたかについて立ち返ることが必要になり、時間もロスする。

**話のわかりやすい人**

「ある話題」がきちんと終わってから「次の話題」に移る。わかりやすく話をするには1つの会話を終わらせてから、次の会話を始めなければならない。

## 「自分から動ける人」と、「自分勝手に仕事を進めてしまう人」との微妙な差

行動にはどうしても摩擦が伴う。組織のなかであればなおさらだ。どうしたら摩擦を少なく、よりうまく仕事を進めることができるだろう。1つのエピソードを紹介したい。

ある会社の社長から「社員に1人、問題児がいる」との相談があった。だが、問題児はどの会社にもいるので、さほど珍しくない相談だ。

そこで、「どんな問題を起こすのですか?」と聞いたところ、「まわりの意見を聞かず、勝手に仕事を進めてしまう」とおっしゃっていた。

私はそれを聞き、1つの疑問が浮かんだ。

社長は普段から、「社員がなかなか自分から動かない」と言っていた。「もっと指示を待た

ずに、自分から動いてくれるといいのに」とも言っていた。
しかし、実際にそのような人が出てくると、今度は「まわりの意見を聞かず、勝手に仕事を進めてしまう」と言う。

では、その境界はどこに存在するのか？
これはぜひ聞いてみたい。私はその社長に、「『自分から動いてくれる人』と、『勝手に仕事を進めてしまう人』との差とは、なんですか？」と聞いてみた。

社長は考え込んでいたが、ゆっくり話し始めた。

社長「うーん、はっきりとした言葉にするのは少し難しいけれど、こちらの安心感があるか、ないかの違いかな」

私「と言うと？」

社長「指示を待たずに自分から動いてくれ、というのはもちろん条件がある。1つは与えられている権限をきちんと理解しているか。勝手に契約などされては困る。この人は権限をきちんと理解している、という安心感があれば、こちらの指示を待つ必要はな

私　「なるほど。それはそうですね」

社長「あとは、まわりの人への配慮ができる人かどうか、かな。勝手に動く、ということは人によっては反感を持つ人もいる。私がどんなに『自分から動いてくれ』と言っても、一定数は保守的な人がいるものだ。そういう人に配慮しつつやってくれると良いのだが。もめごとを起こせば、まわりからその人が孤立してしまう。それは困る」

私　「なるほど。ということは、結局『自分から動いてほしい人』と、『勝手に動いてほしくない人』がいるということですね？」

社長「その通りだが、そのように社内にアナウンスはできないだろう。平等という観点からは」

実際、この話のように「自分から動け」を真に受けないほうが良いことは賢い大人なら誰しも知っている。

ただ、自分が「自分から動いてほしい人」にカテゴライズされているか、「勝手に動いてほしくない人」にカテゴライズされているかを知るのは難しい。

さらに、「勝手に動く人」はそういうことを気にするほど繊細ではない。

ということは、賢い人は、その賢さゆえに「指示待ち」となり、勝手な人はその鈍感さゆえに「問題児」となる。

サラリーマンとしては、結果的に「指示待ち」が増え、一部の問題児が浮き彫りになるのは必然だ。

自分から動き、変化を起こすには、前述の社長が言うように、

**・自分自身の権限を知ること、すなわち「会社のルール」を熟知すること。公式のルール、暗黙のルールを含め、誰に情報を持たせるかを考えること。**

**・保守的な人物への配慮を怠らないこと。ルールを守っていても反感を持たれるケースは多い。したがって、保守的な人物に対する感情面のケア、付き合いなどを利用すること。**

この2点をキッチリ押さえることに尽きる。「報告・連絡・相談」が重要視されるゆえんだ。

第3章

1か月間以上しっかりと取り組むべきこと

# 信頼を積み上げる

仕事において、「信頼」に勝る財産は他にない。
スキルを磨き、成果をあげるには、
周囲から仕事をまかせてもらうことが必要だが、
そのためには周りから信頼されなければならない。
しかし、信頼を積み上げることは、長い時間と大きな労力を必要とする。
「信頼を築くのは長い時間がかかるが、失うのは一瞬」
という言葉が示すように、
ほんのちょっとのコミュニケーションの行き違いで
信頼を失うといったことは珍しくない。
この章では、「信頼」と「コミュニケーション」に関する話を紹介する。

# 学生と社会人のコミュニケーションの明らかな違い

ある会社で行なわれた「コミュニケーション力向上」の研修の内容が特徴的だった。この研修の目的は、新人に手っ取り早く「社会人のコミュニケーション力」をつけてもらうことにあった。

では、「社会人のコミュニケーション」が「学生のコミュニケーション」と本質的に異なる点はなにか？　それは次の3つに集約される。

**1　上下関係が存在するコミュニケーション**
**2　受け手が中心のコミュニケーション**
**3　要求を含むコミュニケーション**

まず、「1　上下関係が存在するコミュニケーション」。

学生同士のコミュニケーションは対等な関係であることが多い。だが、会社においては上下関係に基づくコミュニケーションが基本である。たとえば、上司と自分、顧客と自分などである。


次に、「2　受け手が中心のコミュニケーション」。

学生同士のコミュニケーションは基本的に発信者が主であり、受け手は従である。つまり、「自分が言いたいことを言い、話が合えばコミュニケーションが成立。合わなければ友人にならなければ良い」というコミュニケーションである。

しかし、会社においてはそうはいかない。相手が誰であろうと、受け手に合わせるコミュニケーション、すなわち受け手が中心のコミュニケーションの技術が必要とされる。


最後に、「3　要求を含むコミュニケーション」。

学生同士のコミュニケーションは、相手に対する要求を含まずとも良い。要するに、人間関係を円滑にしさえすれば良いのである。

しかし、社会人のコミュニケーションはそれだけでは足りない。それは「相手になんらかの行動を起こしてもらうこと」を暗黙的に含む。

- **もっとやる気を出してほしい**
- **すぐに取りかかってほしい**
- **状況を報告してほしい**

そういった要求を常に含むのが、社会人のコミュニケーションである。

では、具体的にどのようなスキルにより、「社会人のコミュニケーション」が構成されるのか。

## 1　上下関係が存在するコミュニケーションに必要なこと

### 礼儀

中国の思想家、孔子は「礼」を「相手への思いやりを形にしたもの」と定義した。思いやりは形にしなければ、相手に伝わらない。したがって、コミュニケーションの前提として相手への気づかいを形にした「礼」が必要である。

### 情報提供

上司とのコミュニケーションをうまく図るには、「情報提供者」という役割を負うことがもっとも効果的である。意思決定するのは上司の役割であるが、そのためには自分の持っている情報を効果的に伝える必要がある。

### 寛容

組織のなかでうまくやれるかどうかは、上司にどれだけ寛容になれるかにかかっていると言っても過言ではない。上司も人間的な弱さを持っているし、間違いを犯すこともある。そういった上司を批判するのは簡単だが、批判はコミュニケーションをとりづらくする。反対に、それらを許す寛容さはコミュニケーションの要となる。

## 2　受け手が中心のコミュニケーションに必要なこと

### 共通言語

会話は、相手が理解できる言葉を慎重に選択する必要がある。言葉の意味だけではなく、言葉が想起させるバックグラウンドも含めた、相手との共有度がコミュニケーションの質を決める。

とくに報告書や提案書などの言葉は、慎重に慎重を重ねて吟味すること。何気なく使った言葉が誤解を招いてはせっかくの良い内容も台なしである。

たとえば、提案書において「○○例（企画例など）」という言葉は使わないようにする。顧客によっては「例」という言葉に反応し、上から目線だと感じたり、すでに決まった施策であると感じたりする人もいるからだ。この場合、「例」ではなく、「案」という言葉を使うようにする。

### 質問

受け手が欲している情報がなにかを知らなければ、効果的なコミュニケーションは望むべくもない。相手は自分の聞きたいことしか聞こえないのである。だが、相手が欲している情報を正確に予想するのは非常に困難だ。

それゆえ、どのような情報を欲しているかを常に相手に確認しながらコミュニケーションをとらなくてはならない。「自分が発信する前に聴く」を合言葉とせよ。

## 簡潔さ

言葉はできるだけ短く、簡潔に、明瞭にするべきだ。必要以上の情報が言葉のなかに含まれていれば、相手はそのノイズを取り去るためにリソースを割かなければならない。

長い話が嫌われるのは学生も一緒であるが、社会人の場合、長い話はそもそも聞いてもらうことすらできない。無駄を削ぎ落とした表現を心がけよ。

## 3　要求を含むコミュニケーションに必要なこと

### 感情の理解

「要求に対する納得感は、論理によって喚起されるものではなく、感情によって喚起されるもの」と理解する。あなたの言うことがいくら正しくても、相手の感情が拒否してしまえばそれでコミュニケーションは断絶する。

論理に重ねて、感情を訴えよ。そのためには、まず自分の気持ちを語れ。

「うれしい」

「楽しい」

「期待している」

「信頼できる」

などの気持ちを示す表現を使い論理を強化せよ。

## 価値観の重視

相手の価値観は、一緒に働いている人物であっても自分と異なると心得る。学生の頃とは違い、相手と共有するバックグラウンドがかなり異なることが普通であるからだ。

なにに重きを置く人物なのか、なにを重要視する人物なのかを理解し、自分の要求がそれに合致していることを示すこと。

## 時間

要求を含むコミュニケーションは手軽に済ませるものではない。時には辛抱強く相手の行動の転換を待たなければならないときもある。成果を出すことをあせってインスタントな手法に頼らず、これまでに紹介したコミュニケーションの原則を守ること。

# 初対面の人の警戒を解くのが抜群にうまかった、ある面接官の6つのノウハウ

私のお付き合いしている、ある人事の方は人の警戒を解くのがほんとうに上手だ。新卒採用でも、中途採用でも、ガチガチに緊張している応募者をたちまちリラックスさせてしまう。

「リラックスした状態でないと、その人のほんとうの姿は見えないですよ」

と、その人は言う。

もちろんそれは言うほど簡単なことではない。応募者との出会いは一期一会であるし、彼らは職を求めて応募してきているのだ。緊張するなというほうが無理な話である。

しかし、その方は速やかに応募者の緊張を解く。どうやったらそのようなことができるのか。コミュニケーションの模範ともいえるその秘訣を、話の流れの順番に聞いてみた。

**ステップ1　挨拶の声は大きく。かつ、ひと言つけ加える**

部屋に入るとき、大きな声で挨拶をする。声が大きい挨拶は、それだけでとてもポジティブな印象を与える。何気ない挨拶のトーンひとつで、ここまで相手の表情が異なってくるのか、と感心してしまう。

しかも単に声が大きいだけではない。「こんにちは」や「おはようございます」のあとに必ずひと言つけ加えている。

「今日は寒いですね。わざわざありがとうございます。エレベーターは混んでいませんでしたか？」

「オフィスの場所はすぐにわかりましたか？」

「遠くから来ていただいて、ありがとうございます。何時間くらいかかりました？」

といった具合だ。

注意深く見ると、必ず質問を混ぜている。これで相手が会話に乗ってきてくれれば、緊張も少しほぐれるというものだ。

**ステップ2　本題に入る前に雑談をする**

面接に入る前に必ず雑談をしていた。内容としては他愛もないものであり、天気、近くのおいしい定食屋、就職活動や転職活動の様子など、普通であった。

しかし、特筆すべきは、雑談から面接への流れがあまりにも自然で、面接が雑談の延長のようなイメージになっていることだ。

「じゃ、そろそろ始めますか」というひと言で、面接が始まり、「最初に聞きたいのは……」とすぐに続ける。これで応募者は素の状態で面接に臨むことができる。

## ステップ3　相手の気持ちを代弁する

たとえば、志望動機を多くの面接では聞くだろう。普通であれば、

「なぜ当社に応募する気になったのですか？」

と、聞くだけである。ところがこの方は、質問の前に「相手の気持ちを代弁するひと言」を入れる。

「転職の決意は相当のものだったと思います。いまもいろいろな会社を見て、これは、と思う会社を選んでいる最中だと思いますが、なぜ当社に応募する気になったのですか？」

この代弁によって、面接官に対して応募者は「こちらの理解者だ」と感じるのである。これにより、応募者がさらに話しやすくなる。

## ステップ4　自社の悪いところ、限界を正直に話す

面接官の正直な気持ちとして、「自分の会社のことを良く見せたい」と思うのは当然だろう。しかし、この方は自分の会社を良く見せようとしない。

「うちはグラフィック関係が苦手ですけど、それはご存知ですよね。あとデザイン力もいまひとつです。ただ、ファームウェアの開発は得意です。いまのことを踏まえたうえで、うちでどのようなキャリアを望んでおられるか、お話ししていただけないですか？」

苦手なところや、できないことをあえて先に言うことで、応募者に余計な期待を抱かせず、かつ応募者も正直に答える雰囲気ができる。お互いの時間を無駄にしなくて良い。

## ステップ5　質問に対して明確に回答する

たとえば、「勤務地の希望が東京都内なのですが」と応募者から言われたとき、面接官によっては「希望を聞く場は別途設けています」と言い、ハッキリと回答しない会社もある。

また、「離職率はどのくらいですか？」と聞かれたとき、「秘密ですが、高くはないです」と明言を避ける会社もある。

しかし、この方は違う。

「東京都内という希望が通るかどうかというと、難しいと思います」

「離職率は20％程度です。少し高いですが、反省しています。理由としては○○なので、改善策を取っていくつもりです」

と、はっきりと答える。

これにより応募者は安心感を抱く。

**ステップ6　好きなだけ質問してもらう**

その方は、面接時間と同じくらいの長さの質問の時間を設けていた。

「むしろ、こちらからする質問よりも、相手から質問されるほうが、応募者のほんとうの姿をつかみやすい」と、その方は言った。

現場ではこんな具合である。

「では、これから質問タイムに入りますが、時間制限はないので、好きなだけどうぞ」

「急がなくていいので、じっくり質問を考えてください」

「あ、上着は脱いでいただいてけっこうです」

など、極力質問をしやすい状況を意図的につくり出している。

これらの秘訣は、通常のコミュニケーションとなんら変わりない。

要は「相手に十分な配慮をする」という、オーソドックスなコミュニケーションのコツを実践しているだけなのだ。

# 「社内営業」はなぜ必要なのか？

私が社会人2~3年目だったころ、顧客先に訪問した際の、その会社の新人と部長との会話をよく覚えている。

会社内の人との接し方について、良い知見が得られたからだ。

新人「部長、なんで社内営業をしなくてはいけないんですかね」
部長「社内営業？」
新人「この前、部長は我々に、『先輩と飲みに行って自分を売り込め』って言っていたじゃないですか」
部長「ああ、その話か。あれから先輩に声をかけたか？」
新人「やっていません。なんかそういうことって、やりたくありません」

部長「ほう」

新人「人に媚びたり、へつらったりするのは良くないことだ、って言うじゃないですか。ましで、『先輩と仲良くする』ことと、『成果を出す』ということは別だと思うんです。そもそも『先輩に気に入られるための活動』というのは、お客さんのほうを向いていません」

私は、新人にありがちなその悩みに対し、部長がどのようにたしなめるのか気になった。

だが、部長から発せられたひと言は、意外なものだった。

部長「なるほど、その通りだな。嫌なら別にやらなくていいよ」

新人「え？」

部長「嫌ならやらなくていい、と言ったんだ。単なるおせっかいだからな」

新人「そうですか……。でも、なんであんなことを言ったんですか？」

部長「世の中にはいろんな人がいるからさ」

新人「どういうことですか？」

部長「成果を重視する人もいれば、仲の良さを重視する人もいる。血縁を重視する人もいれば、学歴を重視する人もいる。世の中にはいろんな人がいるんだ。だから、『成果を出せば認められる』というのは、建て前としては正しいが、実際の社会ではそういうわけにもいかない」

新人「でもここは会社です。成果が重要でしょう」

部長「その通り。でも、そういった考え方を人に強制するのは、『先輩と飲みに行け』というのを強制するのと同じだろう?」

いつの間にか、新人と部長の立場が逆転していた。新人は部長の言葉をかみしめているようだ。

新人「……」

部長「私は皆に『社会人として望ましい考え方をしてほしい』とは思うが、強制はしない。強制したところで人の考え方は変わらないからな。せいぜい飲み屋での愚痴が増えるぐらいだろう。だから、たとえばその人が『成果だけ見てほしい』というなら、そうするよ。新人といえど大人だからな。大人としての扱いをする」

新人「全員を成果だけで見る、ということですか?」

部長「一所懸命、社内営業することで評価されたい、という人もいるし、それを喜ぶ人もいるんだ。実際、先輩と仲良くすることで、仕事が円滑に進むこともある。だから、全員を一律の評価基準で見ることはできない。人にはいろいろな得意分野があるんだ」

新人「じゃあ、結局私はどうすれば評価されるんですか？」

部長「いろいろな人が、いろいろな評価基準を持っている。できるだけ多くの人の評価基準にマッチする人が、評価されるだけだ。人事が示している評価基準なんて、ほんの一部さ」

**「人事が示す評価基準は、ほんの一部」**だ。実際、すべての評価基準を明文化することは不可能だ。新人は、それを聞いてまた考え込んでしまった。

新人「……」

部長「まあ、私の評価基準には、『仲が良い』は入っていないからな。別に私と飲みに行く必要はないさ」

新人「社会人って、大変ですね」

部長　「まあな」

のちに、部長は、この新人から「飲みに行きませんか？」と誘われたらしい。

# コミュニケーション障害は大別すると3つある。その解決策は？

人になにかをわかってもらうためにコミュニケーションをとるのは、毎日の生活や社会活動の基本だ。振り返ってみると、人は一日中、誰かになにかをわかってもらおうとしている。

通勤時、狭いところを通りたいとき。
会社で、部下に報告書をあげるように依頼するとき。
営業で、お客さんに自社の製品の良さを売り込むとき。
会社を出て、家族に帰宅の時間を知らせるとき。
家に帰って、子どもに「勉強したほうがいい」と伝えるとき。

しかし、誰かに、なにかを伝えるのはほんとうに大変だ。

ちょっとしたことなら、言えばすぐに相手もわかってくれるが、うまくいかないときも多い。

相手に依頼をするとき、あるいはこちらの気持ちを伝えるとき、正確に相手に伝わらず、「なんで言ってもわかってもらえないのか」とため息をもらす人も多いだろう。

ではなぜ、言ってもわかってもらえないのか？　これは多くの場合は言葉の不自由さに起因する。

伝えたいことに対して、適切な言葉を選択することが難しいため、コミュニケーション障害が発生するのだ。

コミュニケーション障害は、大別すると3つある。

**1　言っていることの意味がわからない**

**2　言っていることを誤解する**

**3　言っていることはわかるが、理解したくない。やりたくない**

まず「1　言っていることの意味がわからない」について。

たとえば、「コミュニケーションを成立させるには、『そんたく』が必要です』と書いても、ほとんどの人はこれを理解しないだろう。ちなみに、「そんたく」は「忖度」と書き、「人の心を推し測る」意味だ。

言葉は相手の語彙のなかから選択せねばならず、相手の頭のなかにある語彙にない言葉を使うときは、その言葉を調べるように、とくに注意を向けさせる工夫が必要である。

だが、これだけであれば、わかりやすい言葉を注意深く使えば、解決はできる。

ほんとうに問題なのは、言葉の意味がわからないことではなく、「その言葉が示すことを経験したことがない」というときだ。

具体的に言えば、「頑張ったら報われる」という言葉は、頑張ったことのない人、報われたことのない人には理解されない。

「オレの言う通りやればうまくいく」という言葉も一緒である。「オレの言うことをやったことのない人、うまくいったことのない人」にそれは理解されない。

したがって、**言葉の意味をわかってもらおうとしたら、その人の経験にある出来事、言葉を使わなければ正確には理解されない。**

次に「2　言っていることを誤解する」である。

これは、なにかと政治家や組織のトップの失言がスキャンダラスに取り上げられるときに起きる。

「差別だ」だったり、「弱者を見下している」などと批判されることも多い。本人は「誤解」だとか「真意が伝わっていない」などと言っているが、この事件はコミュニケーションの本質に関わるものだ。

すなわち、**「コミュニケーションにおいて生じた誤解は、多くの場合、発言した本人の責任になる」**ということである。

しかも「1　言っていることの意味がわからない」よりも、「誤解」はさらにたちが悪い。

意味がわからないのであれば、「わからない」と言ったり、無視することができたりするが、誤解は文字通り誤った解釈によって、自分が意図しない行動を引き起こす可能性がある。

誤解を招かないよう、コミュニケーションの途中では必ず、相手がどのようにこちらの発言を理解しているかを常に相手に聞き、フィードバックを受けなければいけない。

それが不可能な場合、たとえば公の場での発言や、セミナー等では、発言の誤解によって起こる結果を引き受ける覚悟を決めなくてはいけない。

最後に、「3　言っていることはわかるが、理解したくない。やりたくない」である。

コミュニケーションをする場合、本質的にそれは相手への要求がセットとなる。

このときに重要なのは、英語で「デリバリースキル」といわれるスキルだ。これは、いわゆる言い方やプレゼンテーションの手法に相当するものである。

要求のやり方が悪ければ、それは相手にとって「言葉の意味はわかるが、やりたくない」という感情的な結果を引き起こす。また、「意図的にその要求を無視する」という結果になる。

企業などの組織においては、評価の時期になるとコミュニケーションに悩む人が多いが、原因ははっきりしている。

相手の価値観を変えさせるような行為は、受け手を支配しようとしている、ととらえられてしまう。

したがって、**相手の価値観を否定せず、相手の価値観に合致するような要求をうまくつくり出すことが、話し手に求められている。**

言い方を工夫しなくてはならないのは、このためだ。

いずれにせよ、**コミュニケーションは受け手が聞く姿勢になっていなければならない。**

この認識こそが、言ったことを間違いなく伝えるために必要なすべてのことを教えてくれる。

# なぜ、あなたの意見が正しいのに、皆は聞かないのか？

ある方から、質問をいただいた。

「こちらが正しいことを言っているのに、相手が理解してくれないことが多いです。どうすればいいでしょう？」

この質問に対する回答として、１つのエピソードをご紹介したいと思う。

ある大企業を訪問したときのことだ。私は部長に同席し、会議に出席することになった。会議の内容は、今後の部の方針に関するものであったが、方向性を巡って対立が予想された。

かくして会議は始まり、予想通り喧々囂々《けんけんごうごう》の議論となったが、そのなかで1名、ある若手の課長が頑張っていた。その課長は低迷する業績に一石を投じるべく、綿密に用意してきたプランを発表し、なんとか部署の業績を好転させようとひとり気を吐いていた。

マンガや物語であれば、「皆、そのプランに感動し、部署は一丸となって……」となるのかもしれないが、現実は厳しい。その課長のプランには懐疑的な意見が噴出し、会議は迷走した。

個人的には、その課長のプランは良くできていたし、やってみる価値は十分にあると感じた。しかし、保守的な他の幹部たちはなかなか賛同しない。

ついに部長は休憩をとった。そして、休憩中に別室にその課長を呼びつけたのである。部長はおもむろに言った。

部長「頑張っているな。おまえが、やる気のある人物だ、ということは皆よくわかっただろう」

課長「はい、でも……」

部長「でも?」

課長「なんで他の課長連中はあんなに頭が固いんですかね。怒りすら覚えます。ちょっと考えればわかるはずなのに」

普段、温厚な課長が気色ばんでいる。
部長は、その課長に静かに言った。

部長「なぜ、おまえのほうが正しいことを言っているのに、皆に聞いてもらえないと思う？」

課長「え……？　彼らが変わりたくないからでしょう。それか、怠けたいからじゃないですか？」

部長は黙っている。

課長「いい加減、そういう人たちを何とかしてください、部長！」

部長はしばらく黙っていたが、やがて口を開いた。

部長「自分と異なる意見を述べる人々に対し、3種類の反応がある。知っているか？」
課長「どういうことでしょう？」

課長は虚を突かれたようだ。

部長「1つ目は、いまの課長のように、相手を『敵』とみなす反応だ。どちらかが排除されるか、一方が折れるまで戦うことになる」
課長「……」
部長「2つ目は、『あきらめる』という反応だ。要は『わかってもらえないので、もういい』と言って、投げ捨てる反応。無責任だ」
課長「……」
部長「わかるな。私はどちらも望んでいない」
課長「では、どうすれば？」
部長「3つ目の反応を取ることだ。3つ目はどうすべきか、わかるだろう」
課長「部長が前におっしゃっていたやり方でしょうか？」

部長「よくわかっているじゃないか。私は前になにを言った？」
課長「はい。３つ目の反応は、『**相手の気持ちになって、相手の意見を合理的だと考えよ、自分の意見に自ら反論してみよ**。そうすれば、相手の考えていることの本音が見える。それを踏まえて、次の意見を出せ』でしたでしょうか？」
部長「よく覚えているじゃないか」
課長「しかし……」
部長「しかしではない。やるんだ！」

かくして会議は再開した。
課長は、反対派にこう言った。

「自分の意見に固執して、申し訳ありませんでした。少し考えましたが、皆さんの意見に『たしかに』と思う部分がありました。皆様はひょっとして私のプランに対して、○○というご心配をされているのではないかと思いまして。私もあらためて考えたところ、その通りだと思いました」

そして、反対派の1人が口を開いた。

「そうは思っていないが、私はひょっとしたら△△が必要なのではないかと思っているだけだ」

「△△ですか……。ふーむ。なぜそう思ったのですか？」

「以前、私もそれを試したことがあった。そのときに起きたことを考えると、□□だからだ」

きっかり1時間後、皆、晴れやかな顔で会議を終えた。意見はまとまり、課長も手応えを感じていた。部長も満足そうだ。

部長は私に言った。

「面白かったでしょう。相手は敵ではなく、『合理的な人間』なのです。それを忘れなければ、対話の道は残されています」

私は、それ以来「相手を打ち負かそうとすること」をやめた。「正しさ」はいったん脇に置こう。

## 誰とでも友だちになってしまう、コミュニケーションの達人の話

私がお世話になった方の1人に、「コミュニケーションの達人」と思われる人がいる。と言っても、「達人」という言葉から連想されるような年配の方ではなく、私とそう歳は変わらない。

いつも見ていて「なぜ」と思うのだが、彼はすぐに誰とでも友だちになってしまう。

しかも、話をしていてさまざまな話題に非常に精通しており、話題に幅があるので、誰とでも話が盛り上がる。小説、政治、哲学、アニメ、ゲーム、アイドル、音楽、テレビ、あらゆるジャンルだ。

私は「なぜ、彼はこんなにもコミュニケーション能力が高いのか」ということに大きな興味を持った。

私は長いこと、「コミュニケーション能力」に関わる研修をさまざまな企業の方に提供してきた。

その内容はというと、概ね次のようなものである。

「聴くスキル ～傾聴しよう～」
「話すスキル ～うまいプレゼンテーションの技術を学ぼう～」

そして、その研修の中身はというと、「このような場合にはこのようにすれば良い」といったインスタントなスキルで大半が占められていた。

たとえば、「聴くスキル」の研修では、「相手の話が終わるまで話さない」であったり、「相づちを打つ」であったり、要は「今日からすぐ使えるスキル」を教えるのだ。

もちろん、これは「研修を受講する側のニーズ」に基づいた結果、このようなカリキュラムになったのである。

なぜならば、概ね企業経営者が欲している研修は、「すぐに効果が出て」「従業員が変わったことがわかりやすい」研修だからだ。

しかし、彼はそのような「スキル」を駆使しているわけではなさそうだった。ビジネススキルの研修なども、「受けたことがない」し、そういったビジネス書についても「あまり読んだことがない」と言う。

そこで私はなんとかして彼の秘密を探りたいと思い、いくつかの会合にともに出席し、あるいはビジネスの場に呼んでもらい、彼がどのようにコミュニケーションをとっているか、調べたのである。

ただ、最初は同行してもその秘密がさっぱりわからなかった。が、いくつかのそういった場を経て、私はある1つのことに気がついた。彼は、**人と会うときは、初対面の人にはとくにそうだったのだが、「その人の趣味や、好きなもの」を必ず聞くのだ。**

そして、彼はそれについて必ず最後に、「私におすすめはありますか？　なにかいいものがあれば、教えてほしいのですが」と尋ねる。

もちろん相手は、好きなもの、詳しいことなので、喜んで彼にそれを教えてくれる。彼はそれを余さず聞くのだ。

私は、「なるほど、相手の好きなことを聞くのは、コミュニケーションをとっていくうえで良いことなのだな」と、それに納得した。

そして、後日彼に会った。驚いたことに、彼はそのときの会合で教えてもらった作品を「すべて見た」というのだ。私は驚いた。「話を合わせていただけじゃなかった」と。

いただいたアドバイス、仕事で試してみました。

本、読んでみました。

アニメ、見てきました。

iPhoneのケース買ってみました。

雑誌、買って読みました。

サイトを見て、使ってみました。

サービスを利用してみました。

お店に行ってきました。

彼はよっぽど高額なものや、多くの時間を必要とするもの以外は、「基本的に全部試してみる」というのだ。そして、教えていただいた方に再会すると、それについて感想を伝える。もちろん良い感想のときも、悪い感想のときもある。

が、相手は快く話に応じてくれ、ほとんどの場合、話は盛り上がる。すると、もう友だち同士になっているのだ。

人は自分の好きなことに興味を持ってくれる人が好きである。そして、それについて初心者に教えることはもっと好きである。

**教えてもらったら、とりあえず試す。**その「素直さ」が、コミュニケーションの秘訣ということだ。

# あなたのところに出入りする営業が、良い営業かどうかを見抜く方法

もうずいぶんと前の話であるが、「良い営業を見分ける方法」を習ったことがある。

当時、私は営業としてはかけ出しであり、「仕事を取ってくる」ということが具体的にどのようなことなのか、想像がつかなかった。

そうして手探りの状態で仕事をしていたところ、たまたま会社でNo・1の営業の方と同行させていただく機会があり、そのときに興味深い話を聞いた。


一緒にランチを取りながら、私は営業のコツを教えてもらおうと、何気なく「営業って、なにか極意のようなものがあるのですかね？」とその方に聞いた。

いま考えれば、曖昧模糊《あいまいもこ》とした稚拙な質問なのだが、その方は快く答えてくれた。

「そうだね……、極意は知らないけれど、その人が良い営業マンかどうかを見抜く方法は

あるよ」

私はそんなに都合の良いものがあるのか、と驚いたが、正直なところ半信半疑であった。

彼は私を見て、「疑ってる？　もちろん例外はあるけど、だいたいこれは当たる」と言った。そして私に「なんだと思う？」と問いかけた。

私「商品知識ですか？」

彼「それも大事だけど違う」

私「レスポンスの早さ？」

彼「決定的な違いではないね」

私「人あたりでしょうか？」

彼「もちろん、人あたりは良いに越したことはないけど、それで売れるかどうかは別の話だ」

私は考えていたことがことごとく否定され、困ってしまった。さっぱりわからない。見ると、彼は黙って食事をしている。どうやら簡単には教えてくれないようだ。

私は、少し前に読んだ営業向けの本の内容を思い出してみた。たしか、そこには「提案力」と書いてあった気がする。そこで私は、「提案力ですか？」と聞いた。

「提案力か……。提案力って、なんのことかわかってる？」と彼は逆に聞き返してきた。

そう言われると、提案力とはなんなのか正確に定義するのは難しい。

私は苦しまぎれに答えた。

「お客さんに喜んでもらえる提案をできる人が、良い営業ではないですか」

彼はそれを聞いて言った。

「うん、間違ってはいないけど、私が聞いたのは良い提案をする営業をどうやって見抜くか、その方法だ。その回答は抽象的すぎる。その人がお客さんに喜んでもらえる提案をできる人かどうか、どうやって判定する？」

「……」

私は、また困ってしまった。

彼　「難しいよね。じゃ、そろそろ答えを言うよ」

私　「はい」

彼　**「良い営業かどうかは、『他社の製品やサービスも薦めているかどうか』でわかる」**

私「他社の製品？」
彼「そう。それができる人は良い営業」
私「なぜですか？」
彼「第一に、本当に顧客のことをわかっていなければそんなことはできない。第二に、長期的に信頼される行動をとっている。第三に、競合のことをよく研究していなければそんなことはできない」

たしかに、他社に良い製品があったとき、無理に自社のものを売りつけるのは良くない行動だ。しかし、他社の製品をわざわざ薦めるまでしなければいけないのだろうか？

彼「お客さんの身になって考えてみれば、こんなこと考えるまでもない。お客さんは『一番いいサービス』が知りたいだけだから。それを教えてあげられるのが、本当の提案力」
私「たしかにそのとおりですけど、そんなことをしたら、自分の成績が下がるじゃないですか」
彼「良い営業は、そんなことくらいケチケチしないよ。私の知っているトップ営業マンは、自社だけではなくてさまざまな会社のカタログをカバンのなかに詰め込んで、お客さんの悩みに合わせてそれを出している」

私「なるほど」

彼「結果的に、『あの人が選んだのなら間違いない』と思ってもらえる。そうなったらもう売り込む必要もない」

私「たしかに……」

以後、私は目の前にいる営業の腕を知りたいときには、彼らの商品ではこちらのニーズを満たせないときの態度を見るようにしている。

無理やり押してくるか、「できません」と言うか。それとも他社のものであっても良いものを薦めてくるか。

違いは歴然としている。

第4章

1年程度かけてじっくりと取り組むこと

# 努力を成果につなげる習慣

「努力すれば報われる」は真ではない。

努力を成果に結びつけるには、

知らなければいけないことが数多くある。

では、成果をあげるにはなにが必要か？

頭の良さだろうか、運だろうか、

それとも、なにかしらのスキルだろうか？

この章では、「成果をあげること」にまつわる話を紹介する。

## なぜ「頭が良い凡人」になってしまうのか？

世の中には、「頭の良い凡人」が数多くいる。私の経験では、大企業、役所や研究所、会計士などの士業の方々にも多数存在していたように思う。

「頭の良い凡人」とは、次のような人々だ。

- **学歴は概ね良い。有名校を出ている人も多数**
- **話をすると鋭さや、頭の良さを感じる**
- **会社ではそれなりに出世するが、部門長やトップにはなれない**
- **世に聞こえるような突出した成果をあげているわけではない**

「頭の良さと、成功は別物だ」と言う人がいるが、まさにそのとおりだと思う。

頭の良さは、人の能力のひとつにすぎないので、それだけでは成功できない。

さて、こういった人々のなかには、「凡人でいい。平穏な毎日を望む」と言う方も多い。私もそれでいいと思う。その方なりの良い人生をすごせるだろう。

しかし、不幸なのはそういった人々のなかに成功を望んでいるのに、成功が得られない、という人がいる状況だ。

そのようなときには、周囲との摩擦が起きやすい。

「まわりが無能で、オレの言っていることがわからない」

「こんなこともわからないなんて、ほんとうにダメなやつらだな」

「こんな場所、出て行ってやる」

などと言い、転職を繰り返す。

だが、その人の言っていることは、概ね事実である。能力が高いので、だいたいにおいて状況は正確に把握している。課題を把握する能力が高いのだ。

それだけに、さらに周囲との摩擦は大きくなる。

私は一緒に仕事をすることを通じて、そのような人々の話を数多く見聞きした。

私が出会った、ある保険会社の方もそうだった。非常に能力が高く、ほとんどの課題に対して正解を導いていた。その能力の高さに、驚嘆することもしばしばだった。

しかし、残念ながらその人はなかなか出世できなかった。


ではなぜ、そういった人が成果をあげられないのだろうか？　成功できないのだろうか？

私が多くの会社で観察した結果、原因は次の5つだった。


**1つ目は、「勇気」が凡庸なこと。**

大きなものを得ようと思えば、どこかでチャレンジする必要があるが、リスクの高い試みに対するチャレンジは、万人に対して敷居の高いものであり、頭が良いからといってとくにチャレンジ精神に富んでいるわけではない。

チャレンジ精神がなければ、平凡な成果にとどまるだろう。


**2つ目は、助けを求めるのが下手なこと。**

仕事は大きくなればなるほど、1人で完結させることは難しい。もちろん例外はあるが、頭の良い人は、たいていの問題を1人でこなせるため、助けを求めることが下手である。

また、うまく助けを求める人は、上にかわいがられることも多い。人は頼られることが好きなので、時には人に頼ることが人間関係を円滑にする。

**3つ目は、まわりに恐れられてしまうこと。**

あまり優秀ではない人をどう扱うか、その態度は皆が見ている。そして、その人がどれだけ人望を得られるか、ということを決める。

あるメディアの会社に有能な方がいたが、その人には人望がなかった。なぜならば、会議でイマイチな発言をした人に対するツッコミが、的を射すぎていたからだ。

「イマイチな発言を繰り返すやつもどうかと思うが、アイツのツッコミはキツイ」という噂が立ってしまっていた。

要は、その人の発言がまわりに恐怖感を与えてしまっていたのである。

**4つ目は、人にあまり期待しないこと。**

こういう話をすると、「頭が良くても、人あたりがイマイチなんでしょ」と言われるが、そんなことはない。頭が良い人は相手の考えていることがだいたいわかるので、人あたりが悪い人は少ない。

マンガやドラマのステレオタイプでは、「頭が良い人はガリ勉で暗く、人あたりが悪い」と描かれるが、実際にはそんなことはなく、人あたりの良い人も珍しくない。

しかし、本質的には、人を動かすのは、「人あたり」ではない。「その人に対する期待」である。頭の良い人は、自分の能力が高いがゆえに、「他の人に対する期待」を持ちにくい。「この人は、この仕事を自分以上にできる」と思うことが下手だ、ということだ。

**5つ目は、頭の良さを重要視しすぎること。**

人にはさまざまな強みがあるが、「頭の良い人」は、「頭の良さ」という尺度を過大評価する傾向にある。

本質的には、「頭の良さ」は、成功するための必須の条件ではない。成功の度合いは頭の良さに依存するかもしれないが、成功する、しないを分かつのは頭の良さではなく、「行動力」である。

# コンサル会社で、部下に課した8つの訓練

私はコンサルティング会社に12年間在籍したが、入社して4年目に管理職となり、それ以来ずっと、部下に仕事を教えてきた。

とはいえ、難しいことを指導してきたわけではない。上司から受け継がれ、「ごく当たり前」とされていたことを指導してきただけだ。

内容はごくシンプルで、おそらくどこの会社でもやっている普通のことだろう。が、個人的に重要な訓練ばかりであると思っているので、いずれのテーマもじっくり腰を据えて取り組むべきだと思う。

**1つ目の訓練は、「時間管理」。**

時間管理は新人に最初に教える技術であり、すべての仕事の根幹をなす技術だ。手帳の使い方、タスク管理の方法、スケジューラの使い方などの基本的スキルからなる。

時間管理ができず、タスク漏れがあったり納期の遅延を頻繁に起こしたりする人物は、頭が良くても「信用できない」というレッテルを貼られてしまうため、上司が真っ先に教えるスキルだ。

**2つ目の訓練は、「文章力の強化」。**

我々は物書きではなかったが、メールや報告書、提案書、各種資料など、文章力が求められるシーンは非常に多かった。

「文章くらい、訓練不要ですよ」と言う方もいたが、たいていの人は文章を書き慣れていないため、文章を書かせてみると「いまひとつ」というものも多かった。メールなどがわかりにくいと、顧客からのクレームに直結する場合もあるので、文章に気をつかうのは当然であった。

具体的な訓練法はさまざまだが、私は「セミナーのテキスト」を片っ端から短く要約させるという訓練をした。小説家を目指すわけではないので、これで十分である。

これは自社のノウハウを学ぶと同時に文章力も上げることができる。けっこうなボリュームがあり、テキスト数も100近くあったため、部下はさぞかし大変だっただろう。だが、1年も経てば皆それなりの文章が書けるようになる。

**３つ目の訓練は、「ディスカッション」。**

ディスカッションは非常に重要なスキルの1つだ。顧客とディスカッションするシーンが多かったコンサルタントの仕事においてはとくに。

だが、勘違いされている方も多かったのだが、「ディベート」と異なり、「ディスカッション」の目的は相手を論破することではない。相手を打ち負かしてしまっては、まとまるものもまとまらない。

「相手のプライドを傷つけずにうまく本音を引き出し、自分の言っていることを相手に理解してもらったうえで、ディスカッションの前に出ていた案よりも良い案で合意する」という結果を得るための活動が「ディスカッション」である。

訓練法は極めて地味で、社内で繰り返し行なわれるディスカッションを通じて、部下を訓練するが、右のようなディスカッションの目的を知っていれば、比較的、短期間で技術を身につけることが可能だ。

**４つ目の訓練は、「会議の仕切り」。**

いわゆる「ファシリテーション」という技術である。顧客先で会議の進行役を務めるケースが多いため、新卒にも「会議の仕切り」をやらせる。ファシリテーションの目的はさまざまあるが、私は「会議を盛り上げ、全員の意見を引き出す」というゴールを設定していた。訓練を繰り返すと、新人であっても「議論が停滞しているが、この人に聞けば打開できる」、あるいは「最初からこの人に聞くと結論が出てしまうので、この人には最後に意見を求めよう」といった議長のスキルが身につく。

これは、議長でなく会議のメンバーになったときにも「会議へのうまい参加の仕方」が身につくことになるので、非常に有意義な訓練である。

**5つ目の訓練は、「人前で話すこと」。**

若手にも、積極的にセミナーの講師をやってもらった。もちろん最初は誰でも声が震え、講義どころか挨拶すら満足にできない。

しかし、人間の能力はすごいものである。訓練を繰り返すうちに、ほとんど誰であっても、だいたい半年程度で立派に話せるようになる。

訓練法は至ってシンプルである。セミナーの内容を覚え、リハーサルを繰り返すだけ。実際、誰でも講師になるのは可能である。

また、人前で話すことに慣れると自信がつくので、たいていのプレゼンテーションは楽にこなせるようになる。

**6つ目の訓練は、「読書」。**

知識をつけ、読解力を強化する訓練である。我々が行なっていたのは、これも極めてシンプルな方法で、「月に10冊本を読む」というものだった。

また、人により読書への慣れのレベルが異なるため、私は「どの本を読め」という指定はあえて行なわなかった。なかには小説を読んだり、マンガを読んだりする人もいたが、読まないよりははるかに良い。

折を見てどんな本を読んだか発表してもらい、仲間うちで良い本の共有をしたりもした。

**7つ目の訓練は、『あなたはどう思うか？』という質問」。**

部下の相談には基本的に、「あなたはどう思うか？」と聞くことを最初に行なう。これは、あらかじめ上司に質問をする前に自分で意見形成をせねばならず、「自分で考えるクセづけをする」ために有効な訓練であった。

**8つ目の訓練は、「飲みの席でのマナー」。**

コンサルタントは仕事柄、社外の人々との宴席が多い。そのため、飲みの席でのマナーは重要なスキルの1つであった。社内の飲み会は、社外の飲み会の練習という位置づけであり、部下は上司に酒をついだり、空いた皿やグラスを見つけて注文したりとけっこう忙しい。

個人的に、飲みの席は非常に苦手な部類の1つであり、いまでも「嫌なら行かなくてもかまわない」とは思うが、上司や先輩に厳しく言われたことが、社外でかなり役に立ったのも事実である。

最近、「飲み会が嫌だ」という若手が多い、という話をよく聞くが、「社外」での宴席が多い仕事であれば、積極的に上司を誘い、マナーを身につけるのも1つのやり方である。

# 失敗しない人を信用してはいけない

さまざまな会社で、「目標必達」という言葉が使われている。従業員に発破をかけるために用いられていると思うが、1つの疑問が常にあった。

常に目標達成している人物を、信用していいのだろうか？

たしかに、経営者からすれば毎度のように目標を達成してくれる人物はありがたい存在である。給料を上げたり、ボーナスを気前よく振る舞ったりもしたくなるだろう。

だが、一方でこのような話もある。

常に目標を達成できる、ということは、目標が低く設定されていた、ということではないか？

ある会社の人事評価制度について、議論があった。そのなかで、「目標の難易度」に話が及んだ。

この会社の経営者は「社員が必ず目標達成してくれないと困る」という方針であった。そのため、目標の達成度合いに応じてボーナスの額や、次の年の昇給の度合いを決定していた。

しかし、低すぎる目標では会社の利益が出ず、高すぎる目標では社員のやる気を損なう。そこで、毎年のように各部門長は経営者と、「ぎりぎり達成できそうな目標」を折衝することに心を砕いていた。

そして、部門長と社員の努力で、この会社はほとんどの人が毎年、目標を達成していた。経営者は自分の正しさを確信していた。

しかし数年後、この会社の商品は陳腐化し、誰も目標を達成できる人間はいなくなった。あとに続く商品はない。

当然である。リスクの高い試みに誰も手を出そうとしなかったからだ。目標達成できなければ、社員として会社での立場はなかった。

経営者はひとり、「リスクの高い新規事業はオレがつくる」と息巻いていたが、それもかなわず、この会社は事業規模を縮小せざるを得なかった。

もちろん、目標達成が本人の努力の証であることは、疑う余地はない。しかし、毎回のように目標達成をしている人間がいたら、毎年のように目標達成している組織があったら、その働き方を疑ってみるべきだ。

なぜなら「失敗できない」という状況ほど、人間を保守的たらしめることはないからだ。

『イノベーションのジレンマ』（翔泳社）で有名な、ハーバード・ビジネススクール教授のクレイトン・クリステンセンが指摘するように、大企業のなかからイノベーションが起きにくい理由は、まさに「失敗を避ける」からであり、サラリーマンが受ける人事評価にとって失敗が致命的であるからなのだ。

すなわち、無難に目標達成をしていたほうが評価が良いから、イノベーションが起きにくい、と言い換えることもできる。

チャレンジの必要な目標に対して、**成果を出せるかどうかは、確率の問題であり、長期的なチャレンジを続けたものだけが成果を出すことができる。**

それ以外は「偽の成果」と言っても良い。

## サラリーマンが出世するためのただ1つの方法

「会社で出世したいですか？」

こう問われて、「まったく」と言う方もいるだろうが、大方は、「できれば」と答えるだろう。

出世しなければ給料も上がらず、やりたいこともできないからだ。

サラリーマンとなったからには、出世したい。それが普通だ。

しかし、どうすれば出世できるか、ということについてはあまり多くが語られていない。

というより、むしろ「間違ったことが語られている」と言っても良いかもしれない。

たとえばつい先日、ある上場企業で「出世するためにはなにが必要ですか?」と聞いたところ、一番に挙がってきたのが、「スキルアップ」だった。

そして、その中身を聞くと、「英語」や「企画力」、あるいは「プレゼンテーション力」など、スキルに関わるものがほとんどであった。他には、「上司に気に入られること」、果ては「運」と回答した方もいた。

たしかに、これらの要素は重要である。だが、経験的に皆知っているように、英語などの「スキル」は出世するかどうかの決定的な要因ではない。「スキルをつけること」や「上司に気に入られるかどうか」に一所懸命になっても、「出世できるか」は、別の話である。

では、なにがもっとも重要なのか?

このことについて、ピーター・ドラッカーが的確なことを言っている。

**現実は企業ドラマとは違う。部下が無能な上司を倒し、乗り越えて地位を得るなどということは起こらない。**

**上司が昇進できなければ、部下はその上司の後ろで立ち往生するだけである。たとえ上司が無能や失敗のため更迭されても、有能な次席があとを継ぐことはない。外から来る者があ**

**とを継ぐ。そのうえその新しい上司は息のかかった有能な若者たちを連れてくる。したがって、優秀な上司、昇進の早い上司をもつことほど部下にとって助けとなるものはない。**

（出典『経営者の条件』ダイヤモンド社より）

単純化してしまえば、**「上司が出世すること」が、自分が出世するための決定要因である**ということだ。

たとえ下衆《げす》で、人望がなく、部下に対してなにもしない上司であっても、彼が出世できなければあなたも出世できない。

サラリーマン金太郎は、会社の創業者である大和守之助が彼を引き上げた。島耕作は、上司である中沢喜一が出世し、社長にまでなったから、自分も社長になれた。

マンガはフィクションであるが、世の中の縮図である。

さて、我々はこの状態で何をすべきだろうか？

さきほどのピーター・ドラッカーの引用には、続きがある。

**部下は上司を改革したがる。有能な高級官僚は新任の閣僚に対する指南役を自任しがちである。そしてもっぱら限界を克服させようとする。**

**しかし成果をあげる官僚は「新長官は何ができるか」を考える。そして「議会や大統領や国民との関係づくりがうまい」のであれば、そのような能力を十分に使わせるようにする。優れた政策や行政も、政治的な手腕をもって議会や大統領に提示しなければ意味がない。しかも新閣僚は、官僚が彼を助けようとしていることを知るならば、政策や行政についての説明にも耳を傾ける。**

（出典 前出書より）

上司を変えるのは簡単なことではない。

しかし、上司を助け、成果をあげさせることはできる。

「上司の強みを活かし、成果をあげさせ、出世させせよ」

これが、自分が出世するためのただ1つの方法である。

# 成果を出したい会社員は少額でもいいから、「副業」をしたほうが良い

最近まわりで、「給料以外の稼ぎ」を得ている人が増えてきているように感じる。人材紹介業であるインテリジェンス社の調べによれば、最近では若手社員の5人に1人は副業をしている、という。

だが、個人的な感覚としては、正直もっと多くの人が副業をしていてもおかしくないと思う。

それにしても、副業とはいったいなにをやっているのだろうか。実際は、ほんとうに単純だ。最近よく聞くのは、次のようなものだ。

- YouTubeでゲーム実況をやって稼いでいます
- ブログを書いて、アフィリエイトで稼いでいます

・自分でつくった小物をネットショップに出品して稼いでいます
・自分の部屋を貸し出すwebサービスを使っています
・クラウドソーシングでちょっとした開発やデザインの仕事を受けています
・小説を書いて、電子書籍を出版しています
・写真を撮って、それをサイトで売っています

ただし、仕事を辞めても生活していけるほどに稼いでいる人はまれだ。それでも副業の稼ぎの平均は月4・3万円と、そんなにバカにならない額だ。年間に通算すれば50万円ほどになるのだから。

しかし、副業をしたほうが良い理由は、お金ではない。もっと重要な理由は、**「稼ぐ練習」**ができることにある。

「稼ぐ練習」とは、すなわち、自分で商品をつくり、販売を行ない、代金を回収して再投資をする、そのサイクルの体験だ。サラリーマンは、会社内では分業で行なっているため、どうしても稼ぐ力が弱い。

だが、変化が早い現在の世の中で、1つの会社のなかだけで、求められたことをやり続け

ることしか知らないのは、どう考えてもリスクが高い。
会社の寿命はますます短くなり、働く年数よりも、会社が存続する年数のほうがはるかに短い。結局のところ、人生を勤め先に委ねることは、あなたの人生を会社の都合、上司の都合に合わせる、ということと同じだ。

「稼ぐ力」は、技術者にも求められている。たとえば、Googleが求める人材は「スマート・クリエイティブ」という人材だ。Google会長のエリック・シュミットの著書には次のように書かれている。

**では、この「スマート・クリエイティブ」というのは、具体的にどんな人間なのか。**
**スマート・クリエイティブは、自分の〝商売道具〟を使いこなすための高度な専門知識を持っており、経験値も高い。（中略）**
**医師、デザイナー、科学者、映画監督、エンジニア、シェフ、数学者などがスマート・クリエイティブになるかもしれない。**
**実行力に優れ、単にコンセプトを考えるだけでなく、プロトタイプをつくる人間だ。（中略）**

**ビジネス感覚も優れている。専門知識をプロダクトの優位性や事業の成功と結びつけて考えることができ、そのすべてが重要であることをわかっている。**

（出典『How Google Works』日本経済新聞出版社より）

一見、「スマート・クリエイティブ」は敷居が高いが、実は「副業で稼ぐ人」とやっていることはあまり変わらない。つくり、告知し、売る。それはとてもクリエイティブな活動だ。

同じように、私は訪問した数々の会社で「自分で商品をつくって、告知して、売って」をやっていた人に出会ってきた。私はそのような方々に非常に魅力を感じる。そういった人々は、会社の成果と、自分の活動を結びつけることができるからだ。

「なぜ、自分のつくったものは売れないのか？」
「なぜ、自分のつくったものは読まれないのか？」
「なぜ、自分のつくったものは使われないのか？」

そういったことを考え抜き、修正して、やり続けることは、もっとも効率の良いビジネススキルアップの方法だ。

休日にゲームをしたり、テレビを見たり、ショッピングを楽しんだりして「消費」を楽しむのも大いにけっこうなことだ。

しかし、ほんとうの意味で「これからの時代に対応する力」を身につけるのであれば、「自分でつくって、告知して、売る」ということを積極的にやってみても良いのではないかと強く思う。

## たった3日で身につけたことは、皆が3日で身につけられる

優れた技能やスキルを習得できるかどうかの本質とは、なんだろうか?

あるところに技術者がいた。

彼はトップクラスの腕前を持ち、社内外で尊敬を集めていた。そして、なぜあのように生産性の高い開発ができるのか、皆はその秘密を知りたがった。

あるとき、若い技術者たちは彼のもとに行き、「あなたのように早く開発をするための秘訣を教えてください」と頼み込んだ。

彼は快く応じ、「勉強会を開く」と約束した。

後日、開かれた勉強会には、新人や若手が数多く詰めかけた。皆、彼が「どんな優れたノウハウを用いているのか」と期待して集まっていた。

彼は「自分がやっていること」をまとめた数枚の資料を参加者に渡し、皆に向かって言った。

「ここに書かれていることをできるようになるまで練習してください」

そこにはいくつかの基本的な処理、関数の使い方、設計のコツなどが書かれていたが、とくに目新しいものではなかった。

皆は口々に言った。

「こんなこと知ってます」

「もっと、役に立つことを教えてください」

「前に習いました」

それを聞き、彼は言った。

「では、これ以上教えることはありません。結局のところ、スキルを上げたいならばたくさんつくるだけです」

ある若手が言った。

「でも、できるだけ効率良く技能を身につけたいんです」

それに対して彼は言った。

「たった3日で身につけたことは、皆が3日で身につけられる。技能の向上の方法は、人それぞれ、自分で見つけるしかない。結局のところ、人より絵がうまくなりたかったら絵を人よりたくさん描くしかない」

「でも……」と、口を開いた人がいた。皆もなにか言いたげだ。

それを遮り、彼は言った。

「いい曲をつくりたければ、人よりたくさん曲をつくるしかない。効率の良い方法はあるかもしれませんが、だからといって、技能の向上に必要な時間が3年から1年になることはない」

皆は黙っている。

「今日から毎日1時間練習すれば、1年後にはなにもやっていない人よりも365時間分、高い技能を身につけられる。10年なら4000時間近く。これはもう絶対に追いつかれない。それが、『卓越する』ということです」

私は長らく、さまざまな企業向けに研修を提供していた。もちろん研修で提供したノウハウや考え方は、それなりに練られたものではあったので、研修の満足度も9割を超えることが普通であった。

しかし、仕事で実際に成果を出すことに貢献できているかどうかはまた別の問題である。追跡調査をすると、「研修で習ったことを実行した人」は約2割。これが現実の数値である。だが、その2割の方々は、「技能の向上」を確実に実感していた。

**結局のところ、仕事の能力を向上させるには近道はなく、時間をかける他はない。**それは、最近では嫌われがちな「下積み」がどうしても必要であるということを如実に示している。

第5章

## 3年は取り組むべき大きなテーマ

# リーダーシップとマネジメント

どんなに優れた人物でも、1人でできることはそう多くない。
人と協力して事にあたることは誰にとっても重要なことだ。
だが、人と協力するには、いくつかの重要なことを知る必要がある。
その代表がマネジメントとリーダーシップだ。
自分の手で仕事をするスキルだけではなく、
有能な人材を育成し、組織し、協力して仕事をすること、
これは究極的にはもっとも重要なスキルといえる。
この章では、「リーダーシップ」と「マネジメント」に関する話を紹介する。

# 部下を「何回も同じことを言わせるな」と叱責する上司は無能だ

「何回も同じことを言わせるな」

出来の悪い部下への定番のセリフである。あれほど注意したのに、あれほど念押ししたのに、同じようなミスを繰り返す部下は、上司の悩みの種だ。

「また遅刻か、何度言ったらわかるんだ」
「また報告書の提出を忘れたのか。なにをやっているんだ」
「またお客さんへの電話を忘れたのか、何回も同じことを言わせるな」

言われる部下もつらいだろうが、叱る上司のほうはもっとつらい。
「何度言われてもうっかりミスの減らない部下」が、上司の胃痛の種となっているケースはいくらでもあるだろう。

しかし、こういった上司に対してあえて苦言を呈する経営者もいる。もう7年ほど前になるだろうか。ある製造業の会社で耳にした話だ。

「『何回も同じことを言わせるな』という上司のセリフは無能の証ですよ」

と、その経営者は言った。

「上司の役割の1つは、部下に同じミスを何度も繰り返させないことですから。当たり前のことです」

「無能」とはおだやかではない。私は詳しく話を聞いた。

経営者「うちの会社にはミスに関するルールがあります」

私「具体的に教えてください」

経営者「いいですよ。まず1回目のミスは、誰のせいでもありません。仕事にミスはつきものですし、完璧な人間はいない。なかには重大なミスもありますが、ミスを恐れていては大胆に動くことはできない。ですから、1回目のミスは責任不問です」

「ミスを責任不問」とはまた大胆な発想である。私はこの経営者に強い興味を持った。

経営者「そして、同じ事案での2回目のミス、要するに**繰り返し起きてしまったミスは、本人の責任です。**キツく叱ります。同じミスを2回した、ということは、学習していないということですから」

私「そうですね」

経営者「そして、**3回同じミスを繰り返したときは、これはもう上司の責任です**」

3回目は本人ではなく、上司の責任とは面白い発想である。私は聞き返した。

私「本人ではなく?」

経営者「そうです。上司は2回目のミスを見たにもかかわらず、再発防止策を本人にきちんと取らせなかったということですから。いいですか、繰り返し起こるミスは、本人の責任でなんとかさせるのではなく、仕組みでなんとかすべきです。そうしなければ組織にノウハウは残らないし、誰が責任をとるのかもあいまいになる。これは許されないことです」

私「なるほど」

経営者「ということは、『何回も同じことを言わせるな』というセリフはあってはならない、ということです。ですから、私は無能な上司の証であると言います」

このエピソードは、かつて私が「品質マネジメント」のコンサルティングを行なっていたときの話であるが、組織のミス再発防止の仕組みについて知る、大変良い機会になった。

# 「頭の良いリーダー」と、「行動力のあるリーダー」どちらに人はついていくか？

ある会社で、リーダーとしての姿勢に関する議論があった。

議論のネタは、「『頭の良いリーダー』と、『行動力のあるリーダー』のどちらに人はついていくか？」というものだった。

もちろん両方兼ね備えているのが理想である。しかし、往々にして「頭で考えるタイプ」と、「まずやってみるタイプ」は両立しない。

果たして、どちらのリーダーに皆が自発的についていきたくなるか、という話だ。

当然のことながら、参加者のなかから「頭が良いとはどのようなことか？」という質問が出た。

それに対して議長は、「計画をきちんと立て、勘ではなく数字を重視し、あまり間違えないリーダー」という姿を定義した。

一方、行動力があるとは、「計画は最小限、まずは率先して自分がやってみて、直感的に判断する。よく間違えるが修正も早いリーダー」という姿を定義した。

「成果を出しているかどうか」については、同程度とした。

さて、皆様はどう思うだろうか？

結果は明白だった。

成果が同じくらいなら、圧倒的多数が「行動力のあるリーダー」についていきたいと言ったのだ。逆に「頭の良いリーダー」は酷評された。

「自分たちを必要としなさそう」

「一緒に苦労してくれなさそう」

「数字ばかりで面白みがない」

そういった意見が数多く出たのである。

また、面白かったのが、仕事のできる人ほど、行動力のあるリーダーを支持したという点だ。

議論の前は、間違えないリーダーのほうが好まれると思っていたが、むしろ、仕事のできる人は、

「リーダーが間違えても、我々が補佐できる」
「挑戦とは、間違いを含むもの」
「間違えることのある人のほうが、かえって信頼できる」

という意見が多かった。

仕事のできない人からは、

「無駄な仕事をさせられるのがイヤ」
「自分より優秀な人でなければリーダーとして認めない」

という意見が出た。

「この会社だけの話ではないだろうか？」と思いもしたが、過去に訪問した会社のリーダー像を思い浮かべると、実際に慕われるリーダーは、たしかに「行動力のあるリーダー」に

近いイメージだったと思う。この議論の結果には一理ある。

この議論の結果をひと言で言うならば、**人間的な魅力がリーダーをつくる、**ということだ。

そしてその人間的な魅力、というのは、「最小限の力で正確に仕事をこなす」という部分ではなく、「精一杯、力の限り働く」という部分なのだ。

読者のなかには、現在リーダー、またはこれからリーダーとなる方もおられることと思う。

リーダーとして、自分が模範を示さなければならない、あるいは間違えてはいけない、とプレッシャーを感じる人もいると思う。

しかし、部下は、リーダーに「間違えないこと」ではなく、率先して行動し、間違えたときはその非を認めて、素早く修正することを求めている。

# 「良い上司」と、「ダメな上司」を見分ける6つの基準

私はコンサルタントとして数々の企業のプロジェクトに参加しなければならなかったので、いろいろな会社の管理職の方々を比較し、「良い上司」と、「ダメな上司」を見分けることも重要な仕事の1つだった。

なぜなら、「ダメな上司」にプロジェクトの責任を持たせれば、まずプロジェクトはうまくいかないし、「良い上司」に責任を持ってもらえれば、多少のトラブルが発生してもプロジェクトはうまくいく。

コンサルタントはあくまでも部外者であり、成果が出るかどうかはその会社の社員の方々の働きぶりに依存する。そして、社員の方々に命令できる権限を持っているのは、その上司たちである。

だから、プロジェクトが開始されると、私はまず「どの人が『良い上司』であるかを見極める」ことに多くの時間を割いた。

そして、どの組織にも、「良い上司」と、「ダメな上司」がいた。そして、面白いことに、「社内の評判が良い」からといって良い上司であるとは限らないし、逆も真なりであった。

社内の評判が良いからといってその人に仕事をまかせると、あとになって「なにもやっていない」ということが発覚し、大きな問題となってしまう。

そのため、私は「良い上司かどうか」を見極める際に、社内の評判に依存しない判断基準を設ける必要があった。

もちろん万能の判断基準はない。時には当たっていないこともあった。だが、多くの会社で検証した結果、それなりに使える判断基準ではあったと思う。

**基準1　「良い上司」は、部下の得意なことについての自慢話が多い。「ダメな上司」は部下の苦手なことについての愚痴が多い。**

「良い上司」は部下について話す際に、「アイツはこれができる」「アイツはこれがスゴイ」という自慢話が多い。「こんな面白い部下と仕事ができて幸せだ」と言う。

「ダメな上司」は、「アイツは◯◯ができない」「アイツは◯◯が苦手だ」という話が多い。

**基準2　「良い上司」は、機嫌が良さそうに働く。「ダメな上司」は、機嫌が悪そうに働く。**

「上司がどのように働いているか」は、部下に大きな影響力がある。そして、「良い上司」はたいていの場合いつも上機嫌だった。心中はわからないが、つらいことや、クレームをもらったときも「機嫌良く、しかもきちんと」対応していた。

逆に「ダメな上司」は、たいてい機嫌が悪そうであった。もちろん、あからさまに当たり散らす、ということはない。しかし、上司の機嫌が悪いことは皆知っていた。そのような上司はたいていの場合、「部下から重要なことを知らされていない」ことが多かった。

**基準3 「良い上司」は、「ウチの会社の魅力」をきちんと語ることができた。「ダメな上司」は、「ウチの会社の課題」しか語れなかった。**

「良い上司」は、もちろん会社の課題を知っていた。が、それについて言及するときは必ず「ウチの会社、ウチの仕事の魅力」についても語っていた。

「ダメな上司」は、「課題」しか見えておらず、部下に「ウチの会社のいいところ」を伝えていなかった。

**基準4 「良い上司」は、謝れた。「ダメな上司」は、謝れなかった。**

どんなに能力が高い上司でも、人は必ず間違う。そのときの態度は重要だった。

「良い上司」は、自分がまずい指示を出したときには非を認め、謝罪し、次の指示を素早く出した。軌道修正が早かった。

「ダメな上司」は、自分がまずい指示を出したとき、それを正当化しようとして多くの時間を使う。軌道修正が遅いのだ。彼らは「謝ると自分の威厳が傷つく」と考えていた。

**基準5　「良い上司」は、「自分と違う考え方をする人」を重視した。「ダメな上司」は、「自分と同じ考え方の人」を重視した。**

会議などにおいて、「会社のため、顧客のため」という前提を貫いている限り、「良い上司」は、「自分と違う考え方をする人」を重視した。それにより課題に多くのアプローチができた。

逆に「ダメな上司」は、自分と同じ考え方の人ばかりを重視した。時には自分と違う考え方をする人を排除した。部下はそれを察し、「会社のため、顧客のため」ではなく、「上司の考え方を知ろう」とばかり努力した。

**基準6　「良い上司」は勉強した。「ダメな上司」は、過去の経験に頼っていた。**

「良い上司」は昇進してなお、勉強し続けていた。情報を集め、本を読み、経験から法則を導き、実践から修正する。そして部下からも学ぶ。そういった地道な努力を積み重ねていた。

「ダメな上司」は、昇進すると勉強をやめた。「過去の成功体験」が彼らの判断基準であり、それに違反することは許されなかった。

部下をまったくほめない「良い上司」もいた。人あたりのとても良い「ダメな上司」もいた。しかし、この6つの基準については、ほめるほめない、人あたりの良し悪しに関係なく判断できる基準だ。

# もし、あなたが会社で「成果を出している」社員なら

会社組織の運営は難しい。そして、その難しさの本質は「多様性を維持しつつ、まとまりを保たなくてはいけない」という部分にある。

全員が画一的な思考になってしまった企業に未来はない。生態系において遺伝的多様性が重要であるといわれる理由の1つは、単一の災厄で種族が全滅することを防ぐためだ。変化に適応するためには多様性が重要なのだ。

世界的な評価を受けたアニメ映画『攻殻機動隊』（押井守監督／士郎正宗原作）のなかで、登場人物は「組織も人も、特殊化の果てにあるのは緩やかな死」と述べている。

だが、構成員すべての規範があまりにも異なる組織もまた、生き残ることはできない。外部との競争ではなく、内部闘争にリソースを大量に投入しなければならないからだ。意思決定は遅れ、行動はまとまらない。そういう組織は生き残ることはできない。

ある商社を訪問したときのことだ。社長は営業出身、威勢が良く、いかにも人好きのしそうな人物であった。ただし、内部の営業マンたちはそう感じてはいなかったようだ。

内部の営業マンたちはこう言った。

「成果を出さないやつは、社員じゃないですよ。『成果を出して初めて、堂々とものが言える』。社長はいつも、そう言っています」

なるほど。そうかもしれない。

「成果を出せていない人は、どうなりますか？」

と営業マンに私は聞いてみた。

「『黙って、成果を出している人の言うことを聞け』って言われています」

社内を見渡すと、成績Ｎｏ・１の社員が表彰されている。壁には営業成績が個人別に貼り出してあり、競争心を煽るように「Ｎｏ・１社員のコメント」を見ることができるようになっている。

この会社の業績は伸びていた。３年連続最高益の更新、社員もついに１００人の大台を突破し、破竹の勢いであった。

８年後、私は同じ会社を訪問した。ずいぶんとご無沙汰していたのだが、彼らは快く私を迎えてくれた。

しかし、業績はここ4年ほど芳しくない状態であった。社員も130人前後を行ったり来たり。減りもしなければ増えもしない状態だ。

社員の方いわく、リーマン・ショックからケチがつき始め、相次ぐ得意先からの値下げ要求と、在庫過剰で利益が出にくくなっている、という話であった。

私「あのNo・1社員の方はどうしましたか？」と聞いてみた。

社員「業績が下がったら、すぐに辞めてしまいましたよ。あの頃の社員はもう30人程度しか残っていないです」

私「なるほど、皆様苦労されて会社を立て直したんですね」

社員「そうなんです。リーマン・ショック後は大変でした。すぐに影響はなかったのですが、半年後くらいからじわじわと業績に影響が出て、一時はどうなることかと思いました」

私「どうやって危機を乗り切ったんですか？」

社員「8年前にはほとんど売れていなかった新商品がじわじわ売れ行きを伸ばして、いまでは商品構成がすっかり入れ替わりました。あの頃と違って、大量に物が出るわけではないんですが、単価が高いのでフォローが大変です」
私　「フォロー？」
社員「はい、いまはどちらかと言えば商品を納品したあと、コンサルティングのようなことをしてお金をいただいているんです」
私　「壁に貼ってあった成績表がなくなりましたね」
社員「そうです。評価基準も大きく変わったので、あの頃の営業スタイルを好む人たちがほとんど辞めてしまいました」

成果を出している社員は、本質的には「いまの会社の事業、商品」がその人の能力とマッチしているというだけの話だ。

注意しなければならないのは、それは絶対的なものではない、という点にある。いまどんなに成果を出している人も、商品が変われば能力を発揮できなくなるかもしれない。

いまどんなにダメな人でも、事業が変われば能力を発揮するかもしれない。営業としてはからきしダメでも、プログラマー、デザイナーとしては有能かもしれない。

もちろん、成果を出していない人を、成果を出している人と同等に扱うのは間違っている。それは成果を重視しない風土をつくり出す。

しかし、**成果を出している人は「いま、私は運が良いだけだ」と考えなくてはならない。**実際そうなのだから。

だから、もしあなたが、いま成果を出している社員なら、謙虚に「成果を出していない人」がなにをすれば能力を発揮できるようになるか、一緒に考えなくてはいけない。

そして、それは多くの場合、自分が思うやり方と違うものだろう。しかし、あなたはそれを受け入れる必要がある。

「多様性」と「まとまり」が両立するためには実際、成果を出している社員が意識を変えなくてはいけないのだ。

## 「楽に努力せよ」と言う上司がいた

その上司は努力をさせる名人だった。が、彼はいつも、「楽に努力せよ」と言った。

この言葉は一見矛盾しているようだが、そうではない。

何事もうまくやれるようになるためには、たとえ才能があったとしても努力が必要だが、その努力をどのように行なうかは選択することができる。

すなわち、**つらい努力をするか、楽に努力をするか**である。


そして、つらい努力は長続きしない、というか、そもそもそれは単なる「苦痛に耐えている」であって、実は努力ではない。楽に努力をすること、努力を継続するための工夫も含めて「努力」と呼ぶ。

彼は、そう言っていた。

たとえば、読まなければならない本があるとする。

あなたはそれに取りかかる。10ページも読むとつまらなくなってくる。つらい、でも読んでレポートをつくらなければならない。投げ出したくなるところを耐えて、頑張って、10時間で疲れ切って終わった。

これは「努力した」と言えるのか？

彼は「否」と言う。

楽に努力する人は違う。どうすれば、同じことをするのでも楽に実行できるかを考える。

具体的には、この本を読んだことのある人に概要を聞く。「何が面白かったか？」を聞く。そして、レポートを見せてもらう。それを行なったうえで、本を読み進める。まわりにそういった人がいなければ、誰かに協力を依頼する。

そうすれば、いろいろな人の考え方を聞くことで本を読むのが楽になる。人の意見を知ることで自分の考え方もおのずと浮かんでくる。人と違った特色のあるレポートをつくることができる。

たとえば、営業でテレアポをしなければならないとする。新人にとってはあまり愉快な仕事ではない。だが、成果を出すためには毎日実行しなければならない。大変な苦痛を伴う仕事を、頑張って毎日やり遂げる。先週は3件アポイントがとれた。今週は2件だけだった。来週も続けなければならない。つらい。

これは「努力」と言えるのか。

彼は「テレアポはゲーム」と言った。

電話に出てもらったら1点。目的の人につながったら1点。興味を持ってもらえたら1点。アポが取れたら3点。テレアポの過程を点数化することで、プロセスに改善を促し、変化をつける。

30分で何点取れるか。可視化をすることで自分自身の改善度合いもわかり、また同僚と競うこともできる。

「このゲームに飽きた頃には、慣れて何も感じなくなりますよ」と、彼は言った。

結局のところ、「努力する才能」なんてものはない。そこにあるのは工夫だけ。

彼は、「**『努力せよ』はダメだ。『努力する方法を見つけよ』**」と言った。そこには精神論は存在しない。

## ただ「急かす」だけの上司と、部下の仕事をスピードアップさせる上司の2つの違い

あらゆる会社に、けっこうな確率で、仕事を急かす上司がいる。カッコ内は部下の心の声だ。

上司「こんな仕事3日でできるだろう」
部下「……はい（いやいや、3日なんて絶対無理だから）」
上司「このプロジェクトは、1か月でやれ」
部下「……頑張ります（いやいや、言っていることを実現しようとすると、最低3か月はかかるから）」

もちろん、「早く仕事をしろ」と言う上司の気持ちもわかる。また、「ひょっとして部下が

怠けているのでは」と疑心暗鬼になる上司もたくさんいよう。

しかし、上司に急かされても、実際に仕事はまったく早くならないばかりか、かえって部下が上司への対応策を考えるために余計な時間を使うハメになる。

仮に突貫工事で仕上げても、納期に間に合っただけで、肝心のプロジェクトの成果物や仕事のクオリティはおざなりになる。また、それを修正するのに、結局より多くの時間がかかると、なんのために急かしたのかがわからなくなる。

こういった状況に、プロジェクト管理の第一人者であるトム・デマルコは、「圧力を掛けるのが管理者の仕事だと思っている人が数多くいる」と言っている。

しかし、それとは真逆に、部下の仕事をスピードアップさせる上司も存在する。彼らは部下の仕事を急かさない。

「早くやれ」

「まだ終わらないのか」

そういった言葉は使わない。

それにもかかわらず、急かす上司の下で同じ仕事をするよりも、はるかに早く部下の仕事は終わる。

前者は迷惑極まる上司だが、後者はぜひともほしい上司である。いったいなにが異なるのだろうか？

違いは、次の2つの発言を部下に対してするかどうかである。

**1「私は○月○日までに仕事を仕上げてほしいが、これを実現するために障害はあるか？それに対して私が手伝えることはなにか？」**

**2「○○という要求は必須。○○という要求は努力目標だ」**

1つ目は、「上司たる自分が手伝えること」を聞いている。

2つ目は、「物事の優先度」と、「到達点」を伝えている。

実際、急かすことは部下の邪魔をするだけでなんの仕事もしていないのと同じである。

上司がやらなくてはいけない仕事は、本来であれば「**助力**」と「**要求基準の設定**」であるにもかかわらずだ。

仮に部下が怠けているとしても、この方法であれば、部下に成果を約束させることもできるし、適正な納期を設定することもできる。

だから、この2つの発言をするだけで、部下の仕事はかなりスピードアップする。

圧力を掛けるだけ、という愚を犯さず、上司は自分がやるべきことをやろう。

## その上司は聞かれた質問に答えなかった。が、部下は皆育った

私が会社員だった時代、もっともお世話になった上司は人を育てるのがとにかく上手だった。

彼は事実上の会社のトップであったが、彼に師事した当時の私の先輩や同僚、部下たちを見ているとそれを強く思う。

なぜ、上司はこのように人を育成することができたのだろうか。

さまざまな意見があると思うが、１つの大きな要因は「部下から質問されたときの、彼の対応」にあるのではないかと思っている。

具体的には、上司に質問をしたとき、常に次のようなやりとりになった。

私　「すみません、いまお時間をいただいてよろしいですか？」

上司　「いいよ」

私　「今日訪問した会社ですが、クライアントの社長、部長すべてにインタビューを行ない、現在の状況についてコメントをもらいました」

上司　「うん」

私　「ただ、インタビューの内容を見ると、社長と部長の間で意見が食い違っています。この場合、どちらの言うことを信じれば良いのでしょうか？」

上司　「なるほど、面白いねー」

私　「どちらの言うことにも一理あるのですが……私では見当がつかなくて」

上司　「ちょっと見せてみ」

私　「はい」

　上司は私が差し出した資料を見ながら、しばらく考え込んでいる。あとから思えば、上司はこのときに「部下にどうやってうまく理解させるか」の作戦を練っていたのだ。

（3分後）

上司　**「で、安達さんはどう思ったの？」**

私　「うーん、ちょっと見当もつかないですが……どっちの言うことも正しいように見えます。でも、部長はあいまいなことしか言っていないので……」

上司　「**結論からどうぞ**」

私　「すみません、社長の言うことを信じたほうが良いと思います」

上司　「ほう、なんで？」

私　「部長は自信がなさそうで、あいまいな物言いでしたから」

上司　「**なるほど、ちょっと待ってくれないか**」（**図を書きだす**）

私　「なにを書いているんですか？」

上司　「ちょっと整理しよう。少し待って」

私　「はい」

彼は、人に説明するときには常に図を書いた。それを見せ、相手の頭を整理させていた。彼は、決して自分で解答を言わなかった。ひたすら、相手の頭のなかを整理する役割に徹するのだ。

（2分後）

上司「これを見てほしいんだけど、図にするとこうでしょ。社長はこう言っている。部長はこう言っている。**これ見て、なにか気づかない？**」

私「？？？」

上司**「安達さんなら、5分以内にわかると思うよ」**

私「……ちょっと待ってください」

上司**「いいよ。いくらでも考えて」**

私「……気づくこと。……お客様の部長の言っていることがこの前と矛盾している、っていうことですか？」

上司「うん、それもあるけど矛盾なんてよくある話だよね。もっと重要なことだよ」

私「……」

上司「安達さん、たぶん答え知っているよ。これ」

私「………うーん」

彼は私が困り果てていると、ヒントを少しずつ出した。少しずつ、的確に。それは、私がどこを重点的に考えるべきか、解決の糸口となるようなものだった。

上司「部長は、なんでこう言っていると思う？　目の前に誰がいた？」
私「……あ……もしかして、部下の前でほんとうのことが言えなかったと？」
上司「**だから？**」
私「そうだったら……○○社の事例と一緒ですね！　なるほど！　そうか、社長の言うことを信じていれば大丈夫ですね！」
上司「そうそう、当たり」
私「ありがとうございます！　わかりました！」
上司「**でも、注意点として、××だけは気をつけて**」
私「え？　なぜですか？」
上司「**なんでだと思う？**」
（以降も、このやりとりを繰り返す）

この話を人にすると、ちょっとコーチングをかじった方には「コーチングでしょ？」と言われることがあるが、なんというか、「コーチング」ではないような気がする。

上司は我々とのやりとりを、クイズ番組のように楽しみ、複雑な課題を交通整理することで我々の理解を導いてくれた。

それはとても忍耐のいる仕事であり、答えをさっさと教えればその10分の1の時間で自分の仕事に戻ることもできたのに、上司はそうしなかった。

ジョージ・ワシントン大学の人材開発学教授である、マイケル・J・マーカートは、その著書『Leading with Questions: How Leaders Find the Right Solutions by Knowing What to Ask』のなかで、こう述べる。

**「君はどう思う?」と上司に聞かれたとき、部下はどう感じるか。部下は意見を求められることで信頼され認められていると感じるだろう。そして上司から「認められている」という実感を持った部下は自信を持ち、その自信は彼らのさらなる向上心・やる気へとつながり、結果として部下は育つ(著者訳)。**

たぶん、成長のために上司が与えてくれたのは「知識」ではない。彼とのやりとりを通じて得られた、「自分で問題を解決した」という「自信」なのだ。

第6章

一生かけてやる価値のあること

# 仕事で良い人生をつくる

仕事とプライベートは別、と言う方も数多くいる。
しかし、仕事をする時間は人生の多くを占めており、
社会から必要とされているという実感を得るには
これを避けて通るのは難しい。
では、仕事を通じて良い人生を実現するには
どのようにすれば良いのか?
この章では、「仕事を通じて良い人生を得る」ための話を紹介する。

# 「なんで働かないといけないんですか?」と聞いた学生への、とある経営者の回答

とある会社のインターンに参加した学生の1人が、インターン終了後、私にあるメールを送ってきた。

インターンへのお礼を綴ったメールであり、会社の経営者に宛てたものであったが、そのなかに、ある質問が含まれていた。

私はそのメールを経営者に転送し、どのように返答するか、指示を仰いだが、その会社の経営者は、質問を見て「自分で回答したい」と言った。

その質問は、オブラートに包まれてはいたが、要約すれば、

「なんで働かないといけないんですか?」

という質問だった。

その経営者は「たしかに、インターンの成績や、質問内容は採用や選考に関係ない、と言

ったが、この質問はなかなか勇気がある」と感心し、「まじめに答えたい」と言い、次のような主旨のメールを学生へ送った。

こんにちは。

「なんで働かないといけないんですか？」という質問をもらって、私はとても驚きました。私は働くのが当たり前だと思っていたからです。

でも、当たり前と思っていることを疑うことはとても大切なことだと思いますので、真面目に考えて、回答したいと思います。

私もあなたと同じように、働くのはとてもつらく、苦しいことだと思っていました。いまはどうか、と言えば、あまり変わっていないようにも感じます。相変わらず仕事は苦しいですし、楽であることは1つもありません。

でも、働くことはあなたに多くのものをもたらすでしょう。少なくとも私は6つあると考えています。

**1つ目、「働くことは、お金をもたらす」。**

「お金などいらない」という人も世の中にはいます。でも、あって困るものでもありませんし、多くの人はお金がなければ生活できません。むしろ、お金のために働くという人もたくさんいます。

ただ、お金のためだけに働くのであれば、あなたの言う通り、仕事はつらく、苦しいものになってしまうかもしれません。多くの人は、人生の大半を働いてすごしますが、それがつらく、苦しいものであることはできれば避けたいでしょう。

ですから、「仕事がどうしたら楽しくなるか」ということについて、知っておくことは大切だと思います。

**2つ目、「働くことは、明確な目標をもたらす」。**

「なんのために生きるのか?」という問いに対しては私は答えることができません。でも、会社に入ってもらえれば、この1年、なにに取り組んでもらうか、ということについては明確なものを与えることができます。

毎日を無為にすごすよりも、明確な目標を持ち、それを達成するために努力することは価値があります。

**3つ目、「働くことは、出会いをもたらす」。**

単に消費するだけなら、誰とも会わずに済みます。そういった孤独が好きな方もいらっしゃるでしょう。でも、ほとんどの方にとって孤独はつらいものだと思います。

働くことは、社会に参加することです。働くことで、さまざまな出会いが発生します。職場の人のみならず、お客様、協力会社、関連する取引先にはさまざまな方々がいます。

もちろん、それらがすべて、あなたにとって意義ある出会いかどうかはわかりません。ですが、「一期一会」という言葉もあるように、1回の出会いが人生を変えることもあります。

**4つ目、「働くことは、学びをもたらす」。**

働くことは、学びをもたらします。会社に入れば知らないことだらけで、毎日学ばなければならないでしょう。また、自分の知識が陳腐化しないよう、ずっと学び続ける必要があります。

ただ、会社を経営していると、「学校の勉強が苦手だった」という人とよく出会います。でも、安心してください。学校の勉強と、会社における学びは、異なります。

学校の勉強は特定の問題を短時間で処理することが目的でした。会社における学びは、問題づくりから始まり、答えを探して、現実にそれらを実行するまですべてに関わるプロセスです。それはとても創造的な活動です。

ですから、人は学ぶことで人生を豊かにすごすことができます。


**5つ目、「働くことは、信用をもたらす」。**


働くことは、責任を引き受けることです。責任のない仕事はありません。ですから、きちんと働く人は、きちんと責任を果たしている人とされ、社会的に信用されます。

また、信用はお金で買うことができません。例を挙げましょう。あなたは、目の前の人が単にお金を持っている、というだけで信用できますか？　おそらくできないと思います。信用は積み上げた行動でのみ、測られるからです。

きちんと働くことは、信用を積み上げる第一歩です。


**6つ目、「働くことは、自信をもたらす」。**


あなたには自信はありますか？　自信は大切です。

こう言うと、自信過剰は困るし、妙なプライドは持つべきでない、というご指摘をもらうこともあり、ネガティブな側面を思い浮かべる人も多いかもしれません。

でも、誰にとっても「真の自信を持つこと」は大事だと思います。真の自信は、それまでにその人が積み上げた実績によってのみ得られるもので、虚勢や高慢とは無縁です。

虚勢や高慢は、自信を持っている人の行動ではなく、「自信がないから、他者に認めてもらいたい」というだけのものだからです。

真の自信は他者を必要とせず、「自分の力を発揮して、なにかを成し遂げた人」だけにもたらされるものです。

働くことは、なにかを成し遂げることです。自信は、一生懸命働くことから生まれます。

以上です。これは私の個人的な考え方なので、学生のあなたがどう思うかはわかりません。

でも、あなたの疑問への1つの答えとなることを祈ります。

その後、経営者は質問をしたその学生から、「働く」ということに対して悶々《もんもん》としていたものが明確になったと、感謝のメールをもらったそうだ。

## ある社長が、「会社をつぶして学んだこと」を話してくれた

チャレンジすれば、失敗もある。だが、よく言われるように失敗から学ぶものは非常に大きい。私はそれを、起業に失敗した知人から学んだ。

彼は会社を閉じた。4年間にわたり会社をやってきたが、ずいぶんと厳しい経営状況だったとのこと。

3人いた社員は全員、代表者である彼が取引先に頭を下げて回り、再就職先が決まっているそうだ。

残るは、自分の身の振り方だけという。

彼は、もともとIT企業に勤めるエンジニアだった。顧客から、「仕事を出すから、独立

しない？」と言われ、独立したという。

もちろん、独立当初はきちんと仕事を出してもらったそうだ。

しかし、顧客の経営環境が変わり、知っている担当も次々と異動し、徐々に仕事は減っていった。これはまずい、と新しい顧客を開拓しようと考えたが、他に人脈も、営業の経験もなく、急には仕事が見つからない。

「ウェブサービスをつくろう」ということでいくつかのサイトを公開してみたが、アクセスは伸びず、赤字は膨らんだ。ついには社員に給料が払えなくなり、会社を閉じる、という決断に至ったということだ。

聞くと、このような起業の失敗パターンは非常に多いという。

継続的に利益を得られる基盤を持たない零細企業は、ちょっとした環境の変化でいともたやすく倒産してしまう。

ビジネスモデルが有望ということでベンチャーキャピタルなどに資金を提供してもらうケースもあるようだが、結局のところほとんどの会社が継続的な利益を実現することができず、市場から退去していく。

しかし、会社はなくなってしまったが、彼は学ぶところが非常に大きかったと言う。

彼「結局、自分は経営をしていたわけではなかった。でも、とても多くのことを学んだよ」

私「たとえば、どのようなことでしょう？」

彼「そうだねぇ、いくつかあるけど、まず1つ目は『**給与を払う側の気持ち**』**が、よくわかった**、ってことかな。社員は毎月給料がもらえることを当たり前だと思っているけど、顧客は毎月お金を払うことを当たり前だと思っていない。この差を埋めるのは、とても難しい」

私「たしかにそうですね」

彼「これって、すごくつらいんだよ。でも、社員にその気持ちになってもらうことはおそらく無理だと思う。そういう気持ちの人は、たぶん自分で会社をやっている人だしね」

たしかに、多くの経営者が悩む理由のNO・1はこの手の話かもしれない。でも、それを社員に求めるのは経営者の甘えだ、という彼の気持ちが伝わってきた。経営者としての矜持を背負い続けた彼の悲哀が垣間見えた。

彼「それから、2つ目は、『**利益**』**というものがどれだけ大事かわかったことだ**。サラリーマンのときは、『会社に大きな利益が出ると、自分の給料が減らされている』と思ったよ。

　でも、会社をやっていると、大きく税金も取られるし、社員の社会保険も払わなければならない。なにより、取引が突然なくなっても、社員には給料を払い続けなくちゃいけない。だから、会社にできるだけお金を残しておきたい、と強く思った」

私「なるほど……」

彼「笑っちゃうだろ？　経営者になって、ほとんどお金のことしか考えられなくなったんだ」

私「あんなに技術が好きだって言っていたのに？」

彼「そうだよ」

　彼は独立前、生粋の技術者だった。「自分の好きなことをやるために独立する」と、彼は言っていた。

　しかし、彼の言うように「お金のことしか考えられなくなってしまった」経営者はおそらく多いのだろう。

彼「まだある。3つ目は、**『大きなビジネスを描くには、まず安定した収入が必要』**だということかな」

私「どういうことですか？」

彼「大きなビジョンを描いて、ビジネスモデルをつくる、なんて高尚なことはまったくしてない。自分がやっていたのは、ほとんど金策ばかりだったよ。得意先に電話をかけて『仕事ないですか？』と聞いたり、『紹介してください』って頼み込んで、取引先を増やしてもらおうとしたり。そんなことばかりに時間を使っていた」

彼はしばらく黙っていた。そしてまたゆっくりと言った。

彼「天才的な経営者が『とんでもなくすごいビジネスモデルをつくって、差別化された製品を出した』ってニュースを見るけど、ほとんどの会社はそんなことする前に、目の前の生活をどうするか、っていうことに必死だと思う。でも、社員はそういう会社のニュースを見て、うちもこうなりたい、って言ってくる」

私「……」

彼「そんな良い会社はたぶん全体の1％もないだろうな。それがよくわかった。取引先だって、皆苦労していた。何回『全部リセットできたらどれだけいいか』と思ったか。でも、社員を生活させなきゃいけない。クビにするわけにもいかない」

私「……」

彼「自分はまた、サラリーマンに戻るけど、それがわかったから、今度はもっと経営に貢献できると思う。また頑張るよ」

彼は、とてもいい顔をしていた。

# 「自分より優秀な人を挙げてください」と言われたとき、挙げられた人数がその人間の器を示す

人を採用することに関して、本田宗一郎の含蓄のある言葉がある。

**「どうだね、君が手に負えないと思う者だけ、採用してみては」**

「言うは易《やす》く行なうは難《かた》し」の見本のような言葉だ。本田宗一郎は「自分の手に負えない者」こそが優秀で採用したい人物だと言っている。

本田宗一郎の器の大きさを表す言葉だ。

本田宗一郎のこの言葉は、採用の本質を突いているが、この採用方法は普通の人には実行が難しい。

ほとんどの会社は「手に負えない人」を採用しないため、社員以上のレベルの人は、その

会社に来ない。能力の高い人物を採用できないのは、自分たちの器が小さいからだ。だから、実際には「器の大きい人物」が面接官にならない限り、その会社の平均以上の人材すら、確保するのが難しいのである。

さまざまな会社で採用活動を見てきたが、応募者を見極めてやろうと言っていた面接官が、その実、応募者に見切られているなんてことは枚挙にいとまがない。

したがって、採用活動をうまくやろうと思えば、まず「面接官の人選」が一にも二にも大事である。

では、「器の大きい人物」をどのように判定すべきだろうか？

私が少し前にお手伝いした会社も、面接官の人選に苦労した会社のうちの1社だった。

その会社では伝統的に、チームリーダーと役員が面接官をしていたが、私が見る限り、有能な人物はそのうちの良く言って半分程度、残りは年功序列で、能力にかかわらずその地位に就いた人物であった。

そこで私はおせっかいとは思いながらも、社長に、「いまの面接官だと、なかなか良い人が採れないかもしれません」と進言すると、社長はうなずき、「それは知っている。今年は彼らの適性を確かめてから、面接官に登用する」と言った。

私は思わず、「適性ですか？　どのように確かめるのですか？」と社長に聞くと、社長は、「では一緒にお願いします。ちょうどこれから適性を確かめる面談だから」と、私をその場に残した。


そして10分後、1人の役員が入室した。

社長は彼に話しかける。

「今日は、採用の面接官をやってもらうかどうか、少し考え方を聞きたくて来てもらった。いまからする質問に答えてほしい」

その役員は、「はい。なんなりと聞いてください」と言った。

私は、「どんな質問をするのだろう？」と、期待していたのだが、意に反して、社長は役員にあたりさわりのない質問を投げかける。

「どんな人を採りたいか？」

「応募者のなにを見るか？」

「どんな質問をするか？」

そういった、ごく当たり前の話だ。

応募者もそういった質問は想定済みらしく、あたりさわりのない回答、模範的な回答をする。

私は「どうしてこれで適性がわかるのだろう……」と、不思議だった。

そして、20分程度の時間が経ち、社長が言った。

「では、最後の質問だ。誰を面接官にすべきかの参考にしたいので、身のまわりで、自分より優秀だと思う人を挙げてみてくれ」

役員は不思議そうな顔をしている。

「自分より優秀……ですか？」

「そうだ」

役員は苦笑して、「まあ、お世辞ではないですが、社長、あとは○○さんです」と答えた。

「○○さんか、なるほど。まあ、役員のなかではたしかに頭抜けて優秀かもしれないな。ちなみに理由を教えてくれないか？」

役員が理由をひととおり述べると、社長は「……うん、ありがとう」と言い、面談は終了した。

その後、２人ほどの役員とリーダーに同じような質問をし、４人目の面接となった。彼はリーダーであったが、次期役員候補と目される人物であった。

最初の役員と同じような質問が社長から投げかけられたあと、最後のお決まりの質問となった。

「では、最後の質問をいいかな？　誰を面接官にすべきかの参考にしたいので、身のまわりで、自分より優秀だと思う人を挙げてみてくれ」

そのリーダーは、ちょっと考えていたが、やがて口を開いた。

「まずAさん、洞察力と、営業力が素晴らしいです。続いて、Bさん、営業力はあまりないですが、人望があり、人をやる気にさせる力がずば抜けています。リーダーのCさん、現場をまかせたら社長よりもうまいでしょう……すみません。そして、うちの部のDさん、新人なんですが、ハッキリ言って私よりも設計する力は上です」

社長はニコッと笑って、「ずいぶんと多いな」と言う。

「当たり前です。皆私よりもいいところがあり、そして、私に劣るところがある」

「わかった。ありがとう」

役員が退出し、私と2人きりになり、社長は誇らしげに言った。

「というわけで、面接官はアイツに決定だな」

「そういうことですか……」

「彼は器が大きいんだ。私よりも上かもな。私はまだまだ変なプライドがあるからな」

「たしかに、面接官に変なプライドは邪魔ですね」

「そうだろう。『身のまわりで、自分より優秀な人間を挙げてみよ』と言われて、挙げることのできた人数が、その人間の器の大きさだよ」

「なるほど……」

「今年こそ、採用をきちんとやりたいな。まあ、彼にまかせれば大丈夫だろう」

そして、社長の予想通り、そのリーダーは素晴らしい人物を数多く採用した。時には応募者に教えを請い、時には応募者を説得し、八面六臂《はちめんろっぴ》の素晴らしい活躍だったそうだ。

ほんとうに優れた人物は、他の人の優れたところもよくわかるという。

世界の富を独占した鉄鋼王、アンドリュー・カーネギーの墓誌にはこう刻まれているそうだ。

「**自分より優れた者に協力してもらえる技を知っている者、ここに眠る**」

最高の大きさの器を持つ人物の言葉だ。

# 「努力は報われないが、努力は大事だ」の理由

子どもの頃から、「努力は報われる」という言葉を何回聞いたことだろうか。努力の大切さを語るときに使われる言葉だ。

でも、ほんとうに世の人は皆そう思っているのだろうか？　たぶん本音は「努力が報われることは少ない」ではないだろうか。

子どもに勉強させたかったら、「努力すれば報われる」と言っておく。学生に勉強させたかったら、「努力すれば報われる」と言っておく。社会人に仕事をさせたかったら、「努力すれば報われる」と言っておく。

でも、皆信じない。子どもですら信じない。

なぜなら、「でも、報われない人もいるじゃないか」と言われてしまうからだ。実際に努力しても報われない人は大勢いる。というか、報われない人のほうが多いかもしれない。

こう言われると、「努力派」の人はこう言うだろう。

「努力は最低条件だ。努力しても報われないかもしれないが、成功した人は皆努力している」

この言葉に、説得力がまったくないことについては多くの方の賛同をいただけるのではないだろうか。

なぜなら、「努力は大事」と言っておきながら、「でも報われないかもしれない」と手のひらを返し、「成功した人は」と別の条件を持ち出している。

よって、「成功には興味がない」という人には、なにも響かない。

「うちの社員には意欲がなくて……」とぼやく経営者や管理職も多いが、おそらくそういう人の頭のなかは、「欲がない」「意欲がない」「努力しない」ということがセットになっているのだろう。

このズレの原因は明らかに、「努力」と「報酬」をセットで語っているところにある。要するに、「努力」というのは「報酬を得るための苦行」と考えている人が多いから、このズレが生じるのだ。「努力」と「報酬」がセットだとすれば、報酬に興味のない人を動かすことはできない。

「いい大学、いい会社に入るために勉強しろ」という言葉も一緒だ。いまの時代、「努力」は「報酬」を約束してはくれない。だから、最近では「努力なんて必要ないのでは？」「働かなくてもいいのでは？」という人が出てきているのだろう。

したがって、「報酬」を努力の理由にすることはできない。というより、ほんとうは「努力する理由は報酬を受け取れるから」ではないのだ。

では、なぜ努力するのか？　答えは簡単だ。実は、努力する人は「努力しないと耐えられないから、そうしている」のだ。

もちろん、努力はつらい。しかし、直感に反するかもしれないが、明らかに「努力をしているほうが楽」である。

それは人間が「無為」「ヒマ」に耐えられないからだ。人生は常に不安である。なにもすることがない、なにもしていない、というのはその不安と正面から戦わないといけない。

お金を持っていて、生活に何ひとつ不自由がないように見える人も、最終的には病の恐怖、死の恐怖と戦わなくてはいけない。

なにかに没頭することが、精神の安定にとって重要であることは、間違いない。行動することで、余計なことを考えなくても済むからだ。

映画『マトリックス』にこのような一節がある。

**マトリックスは、君たち人類がつくったのだ。楽しくて、幸福な生活のためにな。だが人類とは不思議なものだな。不幸とか苦しみがないと、かえって不安になるらしい。**

「努力すれば報われる」ではない、「努力することで初めて、人生が不安なく送れる」のである。

## 「仕事をやっていて、一番うれしかったことはなんですか？」と質問した学生への、ある管理職の回答

先日、私が参加した新卒採用の面接において、最後に恒例の「質問タイム」があった。

この会社は「質問」に対して非常に開放的であり、いわゆる「タブーの質問」が存在しない。退職率から残業の程度、有給休暇の取得率まですべて会社説明会で情報を開示しているので、学生も遠慮することなく、さまざまな質問を投げかけてくる。

その会社の幹部の方の1人は、こう言った。

「学生からの質問が、1年のなかで、もっとも勉強させられることの1つですよ。将来の我が社の社員になるかもしれないだけではなく、我が社の顧客や、取引先になるかもしれないのですから」

面接で学生からよく出る質問の1つでもある「仕事をやっていて、一番うれしかったこと

はなんですか？」に対する幹部の方の回答がとりわけ強く印象に残った。

質問を受けると、幹部は静かに答えた。

「なるほど、一番うれしかったこと、ですか。失礼ですが、お答えする前に、１つ、私から質問をさせていただいていいでしょうか？」

「は、はい」

学生は、虚を突かれたようだ。

「なぜ、そのようなことが気になるのですか？」と、幹部は聞く。

学生は「そうですね……。正直に言えば、私はまだ働いたことがないので、『仕事の喜び』を知りません」と言い、しばらく考えた。やがて口をまた開いた。

「だから、あえてお聞きしたいと思います。新聞などで、『日本人は働きすぎだ』と書かれていますが、私は『好きでやっている人』も多いのではないかと思っています」

幹部は黙っている。

「なぜ、そんなに皆さんが働けるのか、不思議なのです」と、学生は言った。

その幹部はじっくりと考えたのち、ゆっくりと話し始めた。

「普通、こういうときは、『目標を達成した』とか、『お客さんから褒められた』とか、そういったことを挙げる方が多いかもしれませんね。でも、皆さんにはおそらくピンとこないでしょう。私も、そのような質問を就職活動のときにしたことを覚えていますが、『なんか、模範的すぎる答えだな』と思い、あまりピンときませんでした」

幹部は息をついた。

「だから、本音で言いましょう。結論から申し上げると、一番うれしかったことは、本当に些細なことだと思われるかもしれませんが、『お金を自分で稼げるようになったこと』ですよ」

学生は、その言葉の意味をよく呑み込めていないようだ。

「不思議ですか？　でも私は、『自分で稼いで、普通に生活できること』が一番うれしかったのです。親にも、誰にも頼らずです。初めてほんとうの『自由』を手に入れたと思いました」

「自由ですか？」と学生は不思議がっていた。

「そうです。頑張るのも、怠けるのも、稼ぐも稼がないも自由です。会社を辞めるのも、独立するのも、やる気を出すのも、ふてくされるのも、自分の意志しだいです。なんて素晴らしいことか、と思いました」

「……」

「仕事というのはね、お客さんのため、会社のためでもあるんですが、まず自分の独立のためにすることなんですよ。私は、そう思っています」

その幹部は、少し誇らしげにそう結んだ。

# あとがき

この本のタイトルは、『「仕事ができるやつ」になる最短の道』です。

ですが、「これと、これと、これをやれば、仕事ができる人になります」といった、マニュアル的なものを期待して購入なさった方のご期待には沿えなかったかもしれません。

「できる人は、○○をする人」
「○○があなたの人生を決める」

といったビジネス書は数多くありますが、私が現場で見た「仕事ができる人」は、そういったビジネスの法則に従って仕事をしているわけではありませんでした。

そうではなく、**問題が発生したつど、その場で考え、成果を出すために工夫し、時間がかかっても粘り強く努力を継続する人たちが、ほんとうに仕事のできる人たちだった**のだと感じます。

ですから、この本でお伝えしたかったことは、「普通の人が現場でどう考え、工夫し、努力していたか」です。

この本に収められた多くの現場で見聞きしたエピソードは、プライバシーへの配慮のために多少の修正は入れていますが、すべて実話に基づく話です。

華々しい成功も、巨額の資金調達もそこにはありませんでしたが、たしかにそこには仕事を一所懸命やる人たちがいました。

私は、そういった無名の「仕事ができる人たち」の行動を通じて、多くのことを学ばせていただきました。読者の皆様にもそれを感じていただければ幸いです。

安達裕哉

安達裕哉（あだち　ゆうや）
経営・人事・ITコンサルタント。ティネクト株式会社代表取締役。1975年東京都生まれ。筑波大学環境科学研究科修了。世界4大会計事務所の1つである、Deloitteに入社し、12年間経営コンサルティングに従事。在職中、社内ベンチャーであるトーマツイノベーション株式会社の立ち上げに参画。東京支社長、大阪支社長を歴任。1000社以上の大企業、中小企業にIT・人事のアドバイザリーサービスを提供し、8000人以上のビジネスパーソンに会う。また、セミナーは、のべ500回以上行なう。その後、起業。自身の運営するブログBooks&Appsは読者数100万人、月間PV数150万にのぼる。世界最大級のインターネット新聞「ハフィントン・ポスト」のブロガーでもある。

知と知をつなぐブログ Books&Apps
http://blog.tinect.jp/

「仕事《しごと》ができるやつ」になる最短《さいたん》の道《みち》

2015年8月1日　初版発行
2015年8月20日　第2刷発行

著　者　安達裕哉

発行者　吉田啓二

発行所　株式会社日本実業出版社　東京都文京区本郷3－2－12　〒113-0033
大阪市北区西天満6－8－1　〒530-0047
編集部　☎03-3814-5651
営業部　☎03-3814-5161　振　替　00170－1－25349
http://www.njg.co.jp/

印刷／壮光舎　製本／若林製本

この本の内容についてのお問合せは、書面かFAX（03－3818－2723）にてお願い致します。
落丁・乱丁本は、送料小社負担にて、お取り替え致します。

ISBN 978-4-534-05300-8　Printed in JAPAN